W0013191

Matthias Mala

Weiße Magie

365 schützende und stärkende Praktiken

VERLAG PETER ERD · MÜNCHEN

Die Deutsche Bibliothek – CIP-Einheitsaufnahme

Mala, Matthias:

Weiße Magie: 365 schützende und stärkende Praktiken/
Matthias Mala. – München: Erd, 1996
ISBN 3-8138-0386-4

Umwelthinweis:
Alle bedruckten Materialien dieses Bandes
sind chlorfrei und umweltfreundlich

4. Auflage 1997
Umschlaggestaltung: Ulrich Ehrlenspiel
unter Verwendung einer Illustration von
Hubert Höpfner-Thoma
Zeichnungen: Matthias Mala
Copyright © Verlag Peter Erd, München 1996
Satz: FotoSatz Pfeifer GmbH, Gräfelfing

ISBN 3-8138-0386-4

Inhalt

So wisse dies:
Durch seltnen Zufall brachte mir die Göttin
Des Glücks, nun meine teure Herrin, hier
An diesen Strand jetzt meine Feinde her.
Und meine Sehergabe sagt mir, daß mein
Zenit an einem guten Stern hängt, den ich
Benutzen muß, sonst geht mein Glück zur Neige.
(Shakespeare: Der Sturm I/2;
Übertragung: Erich Fried)

Vorwort

Frei nach dem Motto „Schaden kann es nicht!" ist eigentlich ein jeder mehr oder minder für Magie anfällig, wobei die meisten magischen Handlungen unter dem Oberbegriff Aberglauben abgehandelt werden. Aberglaube ist freilich oft nur eine Frage des Standpunkts, denn überall dort, wo Leben, Glauben und Religion sich verbinden, wird auch Magie betrieben. Auffällig ist, daß die meisten magischen Handlungen dem Schutz-, Abwehr- oder Glückszauber zuzurechnen sind. Unsere Kirchen, vor allem die katholische Kirche, bieten hierfür im Prinzip durchaus ausreichende Ausdrucksmöglichkeiten. Da jedoch die magischen Bezüge mehr und mehr kaschiert und verleugnet werden, verliert sich auch die magische Kraft des jeweiligen Kultes.

Durch die heutigen Kommunikationsmittel und Möglichkeiten sind wir hingegen mannigfaltigen Einflüssen und subtilen Schwingungen ausgesetzt, die uns, sei es gewollt oder ungewollt, auch auf magische Weise beeinträchtigen. Aus diesem Grunde scheint es mir notwendig, daß ein jeder seine ureigenste Fähigkeit entdeckt, solche Beeinträchtigungen wahrzunehmen, abzuweisen und sich energetisch zu klären.

Von jeher war es für mich selbstverständlich, daß magisches Wirken ein Fakt ist. Daß es jedoch auch eine eigenständige böse Macht gibt, wollte ich nie wahrhaben. Verschiedene spirituelle Erfahrungen überzeugten mich jedoch vom Gegenteil. Diese Macht zeigt sich allerdings nicht zersetzend diabolisch, sondern mutet eher gewöhnlich und konventionell an. In ihrer Gewöhnlichkeit liegt jedoch ihre Stärke. Es ist eine bindende und verzehrende Kraft. Sie macht uns engherzig, kleinmütig, habgierig und berechnend. In der Folge verhärtet sich unsere Seele und lastet auf unserem Körper. Weiße Magie kann dabei der Weg aus diesem Dilemma sein. Durch sie können wir in uns eine lautere Kraft wecken, die uns vor der fortwährenden dunklen Forderung wappnet. Freilich müssen wir zu dieser Kraft auch ja sagen, wollen wir sie uns erschließen; sonst bleibt sie weiterhin nur hinter abergläubischer Tändelei verborgen.

Weitaus mehr als andere esoterische Praktiken ist weiße Magie ein besonderer Weg ureigenster Erfahrungen. Darum kann, wer sich auf diesen Weg einläßt, auch keine fertigen Rezepte oder Anweisungen erwarten. Es gibt einen gewissen Rahmen und Wegmarken, die einen erkennen lassen, ob man sich auf dem richtigen Pfad befindet. Nichts anderes soll mit diesem Buch bezweckt werden. Mein Anliegen ist es, einerseits das weite Feld und andererseits den schmalen Grad der weißen Magie zu umreißen. Wie schmal dieser Grad ist, und wie weit dieses Feld sein kann, mag erahnen, wer über den Hintersinn des Leitsatzes nachdenkt, der mich bei der Abfassung dieser Schrift anspornte und gleichermaßen im Zaume hielt:

„Kann man sein Glück zwingen? – Ja, man kann, indem man seinen Feind bezwingt!"

M.M.

Vom Wesen der Magie

Wer der Genese der Magie, ihrer Entwicklung und vielfältigen Ausformung nachspüren möchte, um letztlich Einsicht in ihr Wesen zu gewinnen, erschließt sich ein labyrinthisches Gebilde lichter und dunkler metaphysischer Weltensicht, das ihn über unsere Geschichte hinaus zurückführt in die graue Vorzeit unserer Menschwerdung. Hier erschließt sich dem Unerschrockenen eine Sphäre urgestaltlicher Ahnung, durch die er abtauchen kann in die dunklen Maare seiner Seele. Dort, im nachtkalten Schrund seiner Innenwelt, ergründet sich ihm ein vulkanisches Feuer, das ihn, wieder auftauchend, zum Wissenden über urmächtige seelische Kräfte erhebt.

In solch tiefem, schauendem Wandel in und durch unseren Seelengrund erspüren wir auch die Scheidelinie zwischen schwarzer und weißer Magie. Oberflächlich muten diese beiden Ausformungen der Magie gemeinhin als zwei Seiten derselben Medaille an. Dem in die Tiefe Schauenden hingegen erscheinen diese magischen Aspekte als zwei sich nicht wechselseitig bedingende seelische Mächte. Schwarze und weiße Magie ist für ihn somit nicht etwas aufeinander bezogenes Gegensätzliches, sondern vom Grunde her Andersartiges. Richtig verstandene weiße Magie steht deshalb in keiner Wechselbeziehung zur schwarzen Magie, sie ist vielmehr ein eigenständiges und lauteres Element seelischer Urgewalt. – Dieser Kraft nachzuspüren, um sie sich als wirkendes Phänomen zu erschließen, dienen die nachfolgenden einleitenden Betrachtungen. Und solchermaßen praktizierte weiße Magie bietet die beste Gewähr, sich gegen verzehrende schwarzmagische Kräfte und faustische Pakte zu wappnen.

Entwicklung der Magie

Magie und Zauberei sind einander wesensverwandt, wobei Zauberei als grundlegende Erscheinung der Magie aufgefaßt werden kann. Zauberisches Handeln, gleich zu welchem Zweck, dürfte demnach auch anfänglicher Ausdruck magischer Weltauffassung gewesen sein. Zugleich sind die ursächlichen Anschauungen der Zauberei auch zu grundsätzlichen Anschauungen magischen Verständnisses geworden. Am Anfang mag dies ein unbestimmter Glaube an Beseelung gewesen sein, der sich erst ganz allmählich im Verlauf menschlicher Entwicklung hin zu einer geistigen, fein differenzierten Weltsicht ausformte. Der Animismus, also der Glaube an den Menschen gleichende seelische Mächte und Geister, dürfte dabei Urquell zauberischen Tuns gewesen sein. Dieser erst begründet die Annahme, daß in den Fährnissen der Natur nicht unverständliche Willkür, sondern Wesenhaftes, dem Menschen willfährig Dienliches beziehungsweise ihm widersätzlich Schädliches, gesehen wurde. Solch anthropomorphe Auffassung von der Wesenhaftigkeit natürlichen Geschicks aber forderte geradezu zauberisches Handeln heraus, um in den Lauf der Natur für sich günstig einzuwirken. Hier freilich liegen auch die tiefsten Wurzeln des Schadenszaubers. Denn was einerseits zum eigenen Nutzen beschworen worden sein mochte, mochte andererseits auch dem anderen zum Schaden sein; was nicht zuletzt wiederum dem Eigennutz dienlich war.

Die animistische Auffassung von Beseelung fand ihre selbstverständliche Weiterung im Manismus, dem Ahnen- und Totenkult. Hier kommt neben dem Gedanken der fortwährenden Seele auch die Vorstellung von Zwischenwelten und Welten des Übergangs zum Tragen. Die ins Gebet aufgenommenen Ahnen wurden als Mittler und Fürbitter verstanden. Sie schienen in einen Kodex eingebunden zu sein, der dem fein ausgewogenen soziokulturellen Ritual von Geben, Nehmen und Fordern entsprach. Heikel war diese Kommunikation allerdings wegen der furchteinflößenden überirdischen Macht der Ahnen. Indes stand deren Macht auf irdischer Seite das Wissen um die translatorische Wirkung animistischen Zauberns gegenüber. Das bedeutete, daß letzten Endes alles Beseelte im Bann der Seelenmacht des Zaubernden stand.

Diese Grundidee des Zauberglaubens, nämlich sich durch Magie und Zauberkunst über die Natur und die Wirklichkeit der Dinge erheben zu können, mag zwar anfänglich Allgemeingut gewesen sein. In ihrer Inszenierung und Ritualisierung aber mußte dieser Anschauung und Weltauffassung beinahe zwangsläufig auch der Stand der Priester zuwachsen. Mit der Einsetzung von Priestern wandelte sich indes auch der Zauberglaube und mit ihm die angewandte Magie. Hier blieb das abergläubische Zaubern, fußend auf einem diffusen Geisterglauben, für das gemeine Volk; da erstand das rituelle Zaubern unter einem sich entwickelnden theurgischen Weltbild. Es waren also nunmehr nicht mehr die Ahnen oder menschengleiche Naturmächte, die ins menschliche Geschick eingriffen, sondern direkt handelnde und wirkende Götter. Freilich waren diese Götter – und das ist der Kern jeder Theurgie – trotz ihrer Allmacht der Beschwörung durch die Priesterschaft unterworfen und durch den eingeweihten Magus lenkbar. In letzterem verkörperte sich das, was dem Wortsinne nach Magie ist, nämlich Vermögen im Sinne von Können. So durchschaute der Magus das seelenmächtige Zusammenspiel zwischen göttlichen Aspekten, natürlichen Regelmäßigkeiten und steuernden und harmonisierenden beziehungsweise disharmonisierenden Impulsen auf der feinstofflichen Ebene.

Dem uneingeweihten schlichten Menschen wurde die unterstützende Rolle des Zutragenden oder, aus energetischer Sicht, die des Akkumulators zugewiesen. Infolgedessen wurde das Ritual, als Bindeglied und Katalysator magischer Potentiale, immer bedeutender. Wir können diesen Vorgang durch alle Zeiten hindurch beobachten. So liegen die Parallelen zwischen den Opfergaben, den Mysterien- und Initiationsfeiern der Antike einerseits und dem Kult wie auch der Liturgie der Kirche heute andererseits auf der Hand. Auch in der Symbolik finden sich mannigfache Übereinstimmungen bezüglich ihrer gewollten magischen Wirksamkeit. Man vergleiche nur antike apotropäische, also abwehrzauberische Dämonendarstellungen, und die dämonenabwehrenden Bildnisse an und in christlichen Kirchen.

Will man die erwähnte Einbindung der Zauberei und ihre Wandlung hin zur Magie und weiter bis zu deren Trennung in Recht- und Aberglauben historisch reflektieren, so muß man sich für einen solchen anthropologischen Exkurs viel Zeit und Raum nehmen. Die Fülle des verfügbaren Materials ist dank moderner Archäologie jedenfalls schier übermächtig. Es zu sichten und in seinen zeitlichen und regionalen Zusammenhängen und Querbezügen zu anderen kultischen Ausprägungen zu katalogisieren und zu beurteilen, ließe sich daher stets nur unter einschränkenden Gesichtspunkten verwirklichen.

Und insbesondere was frühgeschichtliche magisch-kultische Entwicklungen anbelangt, gründet die Deutung eher auf assoziativen Näherungen statt auf belegtem Wissen. Nicht umsonst führen daher nur wenige Betrachtungen zum Kult des Magischen weiter zurück als bis zu dem verbrieften magisch-mystischen Weltbild der Assyrer und der, dieses Wissen konservierenden, neubabylonischen Priesterkaste der Chaldäer.

Um allerdings die Rezeption der in unserer Kultur verankerten heutigen Vorstellungen von Magie zu ergründen, genügt es, die Weltsicht der Neuplatoniker und Gnostiker zu Beginn der Zeitenwende zu betrachten. Diese religiösen Ausrichtungen verknüpften hellenistische, ägyptische und jüdisch-christliche Elemente zu einer Weltdeutung; wobei sich die späteren Gnostiker vor allem auf die Offenbarung des Johannes beriefen. Die Grundvorstellung dieser religiösen Sammelbewegungen war die eines dualistischen Schöpfungsaktes. Bei den Neuplatonikern erstand die materielle Welt aus der stufenweisen Einengung der urgöttlichen Kraft über mehrere himmlische Sphären hinweg bis hin zur Menschenseele und der Erscheinungswelt. Ähnliche Auffassungen vertraten auch die Gnostiker, wobei sie die materielle Welt als eine prinzipiell böse und sündhafte Schöpfung erkannten. Lediglich in der Menschenseele sahen sie neben dem vergänglichen, der irdischen Welt verbundenen Seelenaspekt, auch einen göttlichen Kern, die Pneuma. Wobei der Mensch, gebunden an die materielle Welt, zunächst seiner ureigensten Natur selbstvergessen wäre. Erst der Wissende, der seine wahre Natur erkenne, strebe danach, seine Pneuma wieder in ihren göttlichen Urgrund zurückzuführen und dabei die materielle Welt zu überwinden. Und nur dies allein sei die ureigenste Aufgabe des Menschen. Allerdings erachtete man die Distanz der Menschenseele zum göttlichen Urgrund als derart gewaltig, daß eine direkte Kommunikation mit ihm vollkommen außer Betracht stand. Statt dessen standen dem Menschen zahlreiche Geistwesen beziehungsweise Mittler, die allesamt göttliche Aspekte verkörperten, zur Seite, um ihn durch die verschiedenen Himmelssphären, bestenfalls 365 Himmel, zurück zu geleiten.

Für die Überwindung der materiellen Welt und die Anrufung der Mittler bedurfte es freilich einer abgeklärten Natursichtigkeit, die den Geist hinter den Dingen erkennen konnte. Den Zugang zu dieser

Erkenntnis erschloß man sich mit Hilfe der Magie. Der Philosoph Plotin (ca. 205–270 n.Chr.), der als der eigentliche Begründer des Neuplatonismus gilt, meinte dazu: „Da alles im Universum in einem natürlichen Zusammenhang steht, und das Ganze eine Mannigfaltigkeit von Kräften ist, welche einander auf vielfältige Weise anziehen und abstoßen, und mittels Wahlverwandtschaft (Sympathie) durch Eine Kraft zu Einem Leben vereinigt werden: so folgt daraus, daß es eine natürliche Magie, Theurgie und Mantik geben muß." Und weiter stellte Plotin fest: „Das Übersinnliche ist der Grund des Sinnlichen. Und das Übersinnliche wird unmittelbar durch eine intellektuelle Anschauung, welche noch vor dem Denken hergeht, erkannt."

Mit diesen Feststellungen folgert Plotin zum einen aus der hermetischen Grundthese „Wie oben, so unten" auf die zwangsläufige Wirksamkeit magischen Tuns, und zum anderen deutet er an, daß wirksame Magie eines intuitiven Verständnisses bedürfe. Zugleich aber weist er die Richtung magischer Handlung, nämlich sich Mittler zu bedienen. Diese Mittler sollen Geistwesen, vornehmlich Engel, sein, die freilich einer strengen Hierarchie unterworfen sind. An höchster Stelle werden die Götter gesehen, die die Seele reinigen. Die nachfolgenden Erzengel erheben die Seele, während die Schar der Engel sie von ihren materiellen Banden löst. Dämonen, die als solche nicht zwingend als negativ betrachtet wurden, ziehen die Seele in die Natur herab, und Heroen verstricken sie in die Sorgen zeitlicher Dinge. Auf der nächstniederen Stufe sind es die Weltfürsten, die ihr zur Herrschaft über die weltlichen Dinge verhelfen, indessen die Elementarfürsten, auch diese noch engelgleich, die Macht über die materiellen Dinge verwalten. Die Schar der anrufbaren Engel schwankte, im allgemeinen anerkannte man jedoch 72 an der Zahl.

Mittler oder auch Bindungsmittel fand man jedoch nicht nur in personifizierten göttlichen Aspekten, sondern auch in Medien, die nach den ihnen innewohnenden Sympathien beziehungsweise ursächlichen Ideen auszuwählen waren. So stellte Plotin fest: „Die ‚Intelligenz' und das reale Sein sind unzertrennlich miteinander verbunden. Dadurch, daß die Intelligenz denkt, erscheint sie als Reales." In der Anwendung bedeutete dies, daß man in Stoffen, Pflanzen, Tieren nach körperlichen Merkmalen, sogenannten Signa, suchte, die als Entsprechungen zu deuten waren. Mit Hilfe dieser Signa konnten wiederum sowohl

Aspekte der Geistwesen beschworen und gebunden werden als auch magische Fertigkeiten erlangt und zielgerichteter Zauber wirksam durchgeführt werden. Porphyrius, ein Schüler Plotins, sprach von „gewissen Steinen, Pflanzen und Tieren, die übersinnliche Bande knüpfen und aufzulösen vermögen, so daß sie das Verschlossene öffnen, ja den Willen der Wesen, worauf sie wirken, zu ändern imstande sind". So erkannte man etwa dunkle Aspekte in schwarzen Hunden, Katzen oder Schafen. Oder man verschlang das noch zitternde Herz eines Maulwurfs, um Hellsichtigkeit zu erlangen. Lebte doch der Maulwurf in dem zu ergründenden Verborgenen. Erstrangige Zauber- und Schutzkraft versprach man sich auch vom Blut einer weißen Taube, um ein weiteres Beispiel zu erwähnen; schließlich ließ sich nach der Taufe eine Taube als Symbol des Geistes auf Christi Haupt nieder.

Folglich sah man in der Naturbeobachtung einen Weg, die Zeichen der Schöpfung zu erkennen und sich einen Zugang zu den Himmelsmächten zu sichern. Diese Form der Beobachtung und ihre magische Übersetzung betrachtete man zunehmend als die Kunst der weißen Magie. War man doch überzeugt, in der Entschlüsselung der Natur und der dadurch gewonnenen Erkenntnis der ihr innewohnenden übernatürlichen Kräfte einen gottgewollt menschlichen und lauteren Weg zu gehen, bei dem man sich um seines Heils willen nicht mehr dämonischer Hilfe versichern mußte. Diese Vorstellung fand insbesondere bei den Alchimisten des Mittelalters ihren Niederschlag und wurde zum eigentlichen Motor ihres Tuns. Die ihnen unterstellte Absicht, Gold zu machen, war hingegen nur ein Nebenaspekt in ihrem Bemühen, Einsicht in die im Hinblick auf die geistige Entwicklung analog aufgefaßten Vorgänge von Veredelung und Vervollkommnung zu gewinnen.

Auch hinter den zauberischen Anleitungen zur Schatzsuche, die zur gleichen Zeit bizarre Blüten trieb, darf man nicht nur schnöde Gier nach weltlicher Macht vermuten. Vielmehr war das ursprüngliche und treibende Anliegen solchen Bemühens die Suche nach Erkenntnis, gewissermaßen der Schatz als Heilsbotschaft, so wie dies uns in der Sage vom Heiligen Gral überliefert ist. Andererseits war das Mittelalter auch die Zeit aberwitzigsten Zauberglaubens, der seinen Ursprung in der gewalttätigen Auseinandersetzung der römischen Kirche mit den gnostischen Sekten und der damit einhergehenden

Verfolgung der Ketzer hatte. Die Zauberbulle, Summis desiderantes, Papst Innozenz' VIII. tat ab 1484 ihr übriges. Der Zauber- und Hexenglaube wurde zu einer Art Massenhysterie und brachte Abertausenden Frauen und Männern den qualvollen Tod durch Folter und Scheiterhaufen. Trotzdem nahmen zur gleichen Zeit einige Unerschrockene, wie etwa Agrippa von Nettesheim, Paracelsus oder Robert Fludd, magisches und neuplatonisches Gedankengut in ihre philosophischen und naturheilkundlichen Schriften auf.

Die Epoche der Aufklärung setzte schließlich im 17. und 18. Jahrhundert der Hexenverfolgung und dem grassierenden Zauberglauben ein Ende. Freilich vermochte sie es nicht, auch die Grundzüge der Magie zu entkräften. Magische Kategorien beherrschen auch heute noch das Denken, Handeln und Erleben der meisten Menschen. Das beginnt bei solchen Lächerlichkeiten wie etwa einer fehlenden dreizehnten Sitzreihe in Flugzeugen und führt über den fragwürdigen Engelsglauben esoterischer Zirkel bis hin zu ernst zu nehmenden medizinischen Anwendungen der homöopathischen Arzneimittelkunde und auch zu verschiedenen Formen der Psychotherapie. Die Vorstellungen und Erkenntnisse zu Signaturen, Sympathien und Antipathien haben mithin nach wie vor ihre Gültigkeit. Und war es einst das Bestreben der Weißmagier, die Natur in ihrer Totalität und Göttlichkeit, also den Geist der Physik zu entdecken, so lebt dieses metaphysische Streben heute unter dem Stichwort „New Age" ungebrochen fort. Die Suche nach der allem zugrunde liegenden Uridee und der allem eigentümlichen Ursignatur hält nach wie vor an, um solches „Urwissen" letztlich zur freien Idee des Geistes zu verwenden und somit das Ursächliche in letzter Konsequenz zu beherrschen.

Allerdings steht solches Verständnis der Magie nach wie vor noch im Banne der eingangs erwähnten Gegensätzlichkeit magischer Kräfte und ist somit noch fern jener lauteren Kraft, die sich uns durch richtig verstandene weiße Magie erschließt.

Die Kraft der Magie

Will man Einblick in die Mächtigkeit der Magie, ihre subtile Wirkweise und ihr energetisches beziehungsweise feinstoffliches Potential gewinnen, so muß man sich zu Beginn aller Überlegungen zunächst vor Augen führen, daß ein beachtlicher Teil magischer Handlungen und überlieferter Anweisungen ihrem Anspruch nicht genügen oder wirkungslos verpuffen. Spürt man der Frage nach, warum dies so ist, so erhält man mit den Antworten auch bereits erste Kriterien, die für die Mächtigkeit magischen Wirkens beachtlich sind.

Eine erste Ursache wirkungslosen Zaubers ist die dilettantische Auswahl der Mittel. Es besteht meist kein innerer noch äußerer Zusammenhang zwischen dem Charakter des gewählten Mediums und dem Ziel magischer Handlung. Signatur und Idee stimmen nicht überein. Gleichwohl mag der Zauber für den, der ihn ausführte, scheinbar befriedigend verlaufen sein. Dies hat seinen Grund darin, daß eine magische Handlung oft nicht nach ihrer gezielten äußeren Wirkung beurteilt wird, sondern nach der psychischen Selbstbefindlichkeit, die dem Ausübenden durch sein Tun widerfährt. Dieses Phänomen spielt vor allem beim Schutzzauber eine nicht zu unterschätzende Rolle. Schließlich genügt es hier durchaus, wenn der Ausübende sich durch seine magische Handlung, seine tiefgründigen Seelenkräfte so weit stimuliert, daß er durch sie Festigkeit und Sicherheit erfährt und sich so in die Lage versetzt, den ihn bedrükkenden Angriff abzuwehren beziehungsweise sich der negativen Verwicklung zu entziehen.

Die persönliche Einstellung zum magischen Wirken ist demnach mit für den Erfolg des Zaubers verantwortlich. Ein halbherziger Zauber wird in der Regel von entsprechend schwacher Wirkung sein. Und wer von seinem Tun nicht überzeugt ist, wird es auch entsprechend lau beurteilen. Dabei kann es durchaus sein, daß durch die Mächtigkeit des ausgewählten Mediums der Zauber seinen Adressaten erreicht, die erzielte Schutzwirkung aber vom Absender als solche nicht registriert wird. Freilich sind derart mächtige Medien zur Bindung und Aktivierung magischer Kräfte einigermaßen rar. Die meisten von ihnen sind zudem nicht ungefährlich, da sie, ob vom Absender gewollt oder ungewollt, denselben in einen faustischen Pakt mit lemurenhaften Kräften zwingen. Aus diesem Grunde bleiben solche Medien auch im praktischen Teil dieses Werkes ausgespart.

Die psychische Kraft, die in eine magische Handlung mit hineingegeben wird, bestimmt also in hohem Maße auch ihre Wirkung. Dies kann man auch unter anderem daran erkennen, daß fremder Zauber auch über soziokulturelle Grenzen hinaus wirken kann. In der Regel wirken magische Handlungen nämlich nur in einem kollektiven Rahmen, in dem um die Bedeutung des gewählten Mediums Einvernehmen herrscht. So gilt beispielsweise die Zahl 7 hierzulande als Glückszahl, während sie in Italien als Unglückszahl betrachtet wird; weshalb italienische Fluglinien auch über keine siebte Stuhlreihe verfügen. Auch würde niemand in unseren Breiten Blauäugigen grundsätzlich den bösen Blick zusprechen, während dies in südlichen Ländern eine durchaus verbreitete Ansicht ist. Hingegen kann es einem ohne weiteres geschehen, daß man aus einem fernen Land ein Souvenir mitbringt, das eine ungute und bedrohliche Atmosphäre im Hause schafft. Meist handelt es sich dabei um volkstümliche Bildwerke, die als Antiquitäten angeboten werden. In ihrem Herkunftsland dienten sie einstmals magischen Zwecken. Und dieser Zauber wurde mit solcher Macht ausgesprochen, daß er auf Dauer an das Stück gebunden ist und auf dessen jeweiligen Besitzer fortwirkt, auch wenn dieser die magische Signatur als solche gar nicht erkennen kann.

Da solche magische Mächtigkeit, wie zuvor erwähnt, wiederum sehr selten ist, sollte das gewählte Medium um seiner Wirksamkeit willen generell auch vom Adressaten erkannt werden. Andernfalls kann so manche magische Handlung ins Leere laufen, da der Adressat sie nicht erkennt und folglich auch nicht um sie weiß. Anders liegt indes der Fall, wenn derjenige, der einem magischen Einfluß unterworfen werden soll, es versteht, sich entsprechend zu wappnen. So wird etwa von dem Magier Olympus aus Alexandrien berichtet, daß dieser aus Mißgunst versuchte, Plotin herabzuwürdigen und seinen Verstand durch Magie fesseln und verwirren wollte. Plotin wehrte indes die Angriffe so erfolgreich ab, daß Olympus schließlich resignierte und ihm seine Anerkennung mit den Worten zollte: „Welch eine machtvolle Seele! Alle Kräfte, welche auf sie gerichtet werden, prallen an ihr ab und auf den Angreifenden zurück." Demnach sollte für die magische Handlung nicht nur auf die Signatur des Mediums geachtet werden, sondern der Zauber auch der seelischen Kraft des Gegenübers zumindest entsprechen, wenn nicht gar noch kraftvoller sein.

Doch wie mag man sich nun die eigentliche Kraft magischen Wirkens erklären? Nun, grundsätzlich gibt es zwei verschiedene Ansätze, diese Kraft zu deuten. Der eine sieht im magischen Wirken schlechthin ein psychologisches Problem, während der andere Ansatz dahinter ein energetisch feinstoffliches Phänomen erkennt. In der Tat dürften jedoch beide erklärenden Aspekte miteinander verquickt sein. Sigmund Freud hat in einer Anmerkung zu seiner Schrift *Totem und Tabu* versucht, zwischen Zauberei und Magie zu trennen, und dabei zugleich die psychologische und feinstoffliche Verquickung im vorgenannten Sinne umrissen: „Wenn man einen Geist durch Lärm und Geschrei verscheucht, so ist dies eine rein zauberische Handlung; wenn man ihn zwingt, indem man sich seines Namens bemächtigt, so hat man Magie gegen ihn gebraucht."

Mag auch diese grundlegende Trennung zwischen Magie und Zauberei richtig sein, so kann man andererseits magische und zauberische Handlungen und Abläufe in der Praxis nicht immer derart klar voneinander unterscheiden. Ein maßgebliches Moment für wirksamen Zauber kann man in der bereits geschilderten psychologischen Selbstbefindlichkeit vermuten. Denn in der Zauberei treten quasi psychologische Gesetze an die Stelle von natürlichen. Dem Gedanken und der mit ihm verknüpften Vorstellungskraft wird dabei so weit Priorität eingeräumt, daß ihm nicht nur Macht über das erworbene Umweltverständnis, sondern auch Macht über die Umwelt als solche zugesprochen wird. Daß es sich bei der solchermaßen verstandenen Gedankenmagie, auch Ideomagie genannt, nicht nur um trügerischen Schein handelt, zeigt die mittlerweile weitläufig akzeptierte These von der Macht der positiven Gedanken sehr gut. Und selbst bei offensichtlichen Zufälligkeiten kann die Akausalität zwischen zauberischem Wollen und ersichtlichem Effekt nicht immer endgültig belegt werden. So war ich beispielsweise als Kind davon überzeugt, daß ich Gewitter vertreiben könnte, und praktizierte dies auch öfters zu meiner Zufriedenheit. Der Psychoanalytiker C.G. Jung hat für derartiges Geschehen den Begriff der Synchronizität geprägt. Er meinte dazu in seiner Schrift *Synchronizität, Akausalität und Okkultismus*: „Das Kausalprinzip sagt aus, daß die Verbindung von causa und effectus eine notwendige sei. Das Synchronizitätsprinzip sagt aus, daß die Glieder einer sinngemäßen Koinzidenz durch *Gleichzeitigkeit* und durch den *Sinn* verbunden seien. Wenn wir also annehmen, daß ... die vielen Einzelbeobachtungen Tatsachen feststellen, so ergibt sich daraus der Schluß, daß, neben dem Zusammenhang von Ursache und Wirkung, es in der Natur noch einen anderen, in der Anordnung von Ereignissen sich ausdrückenden Faktor gibt, welcher uns als Sinn erscheint."

Damit mag auch so mancher wirksame Zauber erklärbar werden, wie etwa jener, den ich während einer Bergwanderung erlebte. Es war Ende Oktober, eine der letzten Möglichkeiten, noch in die Berge zu gehen. Ich war mit einem Bergfreund, der selbst in der Magie recht firm ist, unterwegs. Der kommende Winter kündigte sich schon mit ersten Flocken an, und der Himmel war entsprechend grau und trüb verhangen. Als wir den Gipfel erreichten, fehlte uns daher zu unserem vollendeten Bergglück eigentlich nur noch ein wenig Sonnenschein. Mein Freund erinnerte sich launig an einen wettermächtigen Zauber indianischer Schamanen und ließ es auf einen Versuch ankommen. Also richtete er, verbunden mit einigen magischen Handbewegungen, seine Konzentration auf die Wolken, hinter denen die Sonne zu vermuten war. Und in der Tat lichteten sich die Wolken kurz darauf gerade so weit, daß für einen knappen Augenblick die Sonnenscheibe hervorlugte und den von uns erklommenen Gipfel beschien.

Dies legt nahe, warum Gedankenkraft und Imagination in der Magie als eine grundsätzlich wirkende Kraft angesehen werden. Paracelsus schrieb dazu in Anlehnung an Plotin, daß die „Bildkräfte der Seele dahin wirken, daß das Wort zu Fleisch wird". Folglich gilt die Beherrschung der eigenen Gedanken als eine wesentliche Disziplin für den Magier. Durch sie allein kann er nicht nur Einfluß auf andere nehmen, sondern sich auch wirksam vor gedankenmächtigen Fremdeinflüssen abschotten. Um allerdings den Gedanken die notwendige über sich hinausgreifende Macht zu verleihen, fordert das ideomagische Konzept um seiner erfolgreichen Handhabung willen auch die gläubige Überzeugung an diese Form allmächtiger Gedanken. Die pure Gedankenkraft allein wird demnach nicht für kraftvoll genug erachtet, magische Prozesse in Gang zu setzen. Vielmehr muß noch jene außerordentliche psychische Kraft mit eingebracht werden, die in der Macht des Glaubens gesehen wird. Womit in gewissem Sinne solcherart Glaubensgüte gefordert wird, durch die man Berge versetzen kann; was sodann, geschehe es denn, vordergründig als Wundertat, für den Magus indes als Beweis seiner Mächtigkeit erscheinen mag.

Die magisch wirksame Gedankenkraft, sofern sie sich nur als ein auf die eigene Person wirkender Schutz- oder Wunschzauber ausdrückt, vermögen wir mit unseren heutigen psychologischen Kenntnissen hinlänglich zu erklären. Übrigens eine Selbstverständlichkeit, die vor noch gar nicht allzu langer Zeit so gut wie undenkbar war. So verbrannte man etwa auch besonders begabte Studenten auf den Scheiterhaufen, da man sich ihren Lernerfolg nicht anders erklären konnte, als daß diese mit dem Teufel im Bunde stehen müßten. Indes scheint jede Erklärung für die über sich hinaus wirkende, Beseeltes und Unbeseeltes beeinflußende magische Gedankenkraft je nach Standpunkt spekulativ. Folglich ist auch der hier angebotene Deutungsversuch nur eine empirisch und weltanschaulich bedingte Festlegung.

Agrippa von Nettesheim vermutete als wirkenden Hintergrund eine Weltseele, „Spiritus mundi", als ein gewisses einziges Leben, das alles erfüllt, alles durchströmt, alles zusammenbindet und in Zusammenhang bringt, damit sie „Eines" mache aus der Maschine der ganzen Welt. Er folgerte, daß die Dinge, in denen dieser Geist besonders mächtig ist, die Tendenz in sich tragen, sich selbst Ähnliches zu erzeugen. Dieser Gedanke begegnet uns in dieser oder ähnlicher Form in vielen Religionen. Vermutlich gründet er auf einem tiefen archetypischen Verständnis der Welt und ihrer Schöpfung. Bezüglich der irdischen und magischen Wirksamkeit jenes Spiritus mundi bietet sich heute die Vorstellung eines morphogenetischen Feldes an, die der Biologe Rupert Sheldrake auch als erklärendes Modell für derartige parapsychologische Prozesse entwickelte. Danach kann man eine feinstoffliche, das heißt mit dem Materiellen verbundene, jedoch eigenständige geistige Kraft vermuten, die, obgleich individuell geformt, in ihrer Summe ein in sich selbst wirkendes Phänomen darstellt. Dieserart schafft diese Kraft einen alles verbindenden Rahmen beziehungsweise Raum, in dem das einzelne mit allem und alles mit dem einzelnen kommunizieren kann.

Spuren solch möglicher Kommunikation mögen wir hinter diversen parapsychologischen Erscheinungen vermuten. Da sie jedoch den meisten unter uns nur aus zweiter Hand zugetragen werden, sollen sie hier nicht erörtert werden. Freilich verfügt so gut wie ein jeder von uns über Erfahrungen, die über seine psychische Begrenzung hinausgehen. Sie sind zwar womöglich nicht besonders spektakulär, dafür aber um so eindringlicher, weil erlebt und gelebt und somit unverfälscht. So kann fast jeder von uns von Situationen der Gedankenübertragung berichten. In langjährigen Partnerschaften geschieht dies gemeinhin sehr häufig. Eindrucksvoller hingegen sind Gedankenübertragungen über größere Entfernungen hinweg, wenn wir mit losen Freunden oder Verwandten in eine innige gedankliche Beziehung treten, ohne daß hierzu ein ersichtlicher äußerlicher Anlaß gegeben scheint, ein solcher aber gerade zur fraglichen Zeit nachträglich bestätigt wird. Hierbei gewinnen wir eine erste Ahnung von dem feinstofflich kommunikativen Raum.

Von der reinen Gedankenkraft weg, die an sich, trotz Fernwirkung, eine lokale Erscheinung ist, hin zu einem beinahe räumlichen Phänomen, das zwar noch gedanklich gebunden wirkt, uns aber dennoch bereits oft als scheinbar eigenständige Gestalt dünkt: Gemeint ist das Phänomen des geistigen Vampirismus. Wir können es zum Beispiel bei Personen erleben, die uns dreist als ihren seelischen Mülleimer benutzen. Solche Menschen laden ihr vermeintliches Leid bei uns ab und verlassen uns gestärkt, während wir seelisch und geistig erschlafft zurückbleiben. Die uns dieserart übertragene Mißstimmung kann uns manchmal noch tagelang begleiten. Noch schlimmer sind hingegen jene Mitmenschen, die von unserer Seelenkraft zehren und zusehends aufleben, während wir immer mehr zu verblassen scheinen. In ihrer Nähe erleiden wir ein Gefühl anhaltender psychischer Schwäche, wobei wir diese nur selten mit der jeweiligen Person verbinden, dafür aber um so häufiger als geradezu räumliche Bedrohung empfinden.

Ein anderer Fall ist das Erleben räumlicher Atmosphären, wie es uns beispielsweise beim Betreten von Kirchen, Gedenkstätten oder anderen öffentlichen Räumen widerfährt. Selbst wenn wir nichts über die Funktion solcher Räume wissen, können wir oft mit Bestimmtheit feststellen, welcher Art der Geist ist, der in ihnen gepflegt wurde oder wird. Hierbei bestätigt sich, daß die zuvor angenommene feinstoffliche Kraft zwar einerseits ein partiell gebundenes, andererseits aber auch eigenständiges Phänomen ist. Denn sie hat offensichtlich ein Gedächtnis oder besser gesagt einen Charakter, der durch Ereignisse und Zuspruch geprägt wird. Dabei kann diese Charakterentwicklung sich so weit aufbauen, daß das Wesen räumlicher Atmosphäre auch unabhängig von der konkreten lokalen Bindung empfunden werden kann. Wir können dies etwa an alten und vergessenen Kultorten erleben, von denen äußerlich nichts Erkennbares mehr die Zeiten überdauerte. Wir erleben es aber auch in Situationen der Anrufung, wenn wir uns eindringlich mit einem Thema auseinandersetzen. Dies kann im einfachsten, weil immer noch erklärbaren, Fall die Beschäftigung mit einem Buch sein, bei dem uns der Geist des Autors wie der seiner Protagonisten förmlich gegenwärtig erscheint. Weit phantastischer hingegen mag uns solches Mitempfinden bei soziokulturellen Themen anmuten. Dabei muß dieses Erleben nicht einmal mehr oder minder rituell beschworen werden, so wie wir es aus esoterischen Kreisen etwa von schamanischen Übungen her kennen. Oft genügt bereits ein ausführliches Gespräch über eine historische Situation oder eine verstorbene Persönlichkeit, um den Geist des Besprochenen förmlich anwesend zu fühlen.

Wie mächtig die Empfindung räumlicher Atmosphäre sein kann, illustriert auch das Jerusalem-Syndrom. So geschieht es immer wieder einigen Jerusalemreisenden, daß sie kurz nach Ankunft in der Stadt einem religiösen Wahn verfallen und die Rolle biblischer Figuren annehmen und ausleben. Dabei ähneln sich die Verhaltensweisen der hiervon Betroffenen in auffälliger Weise. So erleben sie einen unerwarteten, starken inneren Zwang. In dessen Folge isolieren sie sich von ihrer Reisegruppe, unterziehen sich einem ausgiebigen Reinigungsritual, um schließlich, mitunter in weiße Laken gehüllt, durch die Via Dolorosa zu wandeln und flammende Predigten zu halten. Zwar hatte ein beachtlicher Teil der vom Jerusalem-Syndrom Überwältigten schon vor ihrer Ankunft in der Heiligen Stadt psychische Probleme, doch erkranken an diesem Phänomen auch zu einem guten Drittel psychisch stabile Persönlichkeiten. Wobei entgegen aller Erwartung doppelt so viele Männer wie Frauen an diesem Syndrom zu leiden haben.

All solches Empfinden von der räumlichen Gegenwärtigkeit geistiger Kräfte weist auf eine vielschichtige und allgegenwärtige feinstoffliche Kraft hin. In ihr scheint auch ein „Spiritus magus" zu wirken. Mit diesem Begriff werden jene Ebenen feinstofflicher Kraft umschrieben, die durch magisches Wirken angesprochen und über die magisch verschlüsselte Ansinnen transportiert werden können. Die Wege, um sich Kraft und Raum dieses Spiritus magus zu erschließen, sind vielfältig. Manch einem gelingt es, sich diesen Raum aufgrund eigener seelischer Mächtigkeit zu öffnen. Vielfach bedarf es dazu jedoch einer gewissen Vorbereitung und Einstimmung. Deswegen ist das Ritual, das so manche magische Handlung begleitet, keineswegs nur Brimborium, sondern durchaus magischer Zweck. Im praktischen Teil wird auf diesen Sachverhalt unter dem Stichwort „Vorbereitungen" näher eingegangen. Manch einer mag auch dazu neigen, sich zur Annäherung an den Spiritus magus eines geistigen Mittlers zu bedienen, was allerdings eine zwiespältige Möglichkeit ist, die gut bedacht sein sollte. Denn grundsätzlich besteht hierbei die Gefahr dominanter Einrede in guter wie in schlechter Weise. Diese Einrede muß dabei durchaus nicht transpersonaler Natur sein, es genügt, wenn dieser Mittler kraft eigener Imagination zusehends Gestalt annimmt und so zu lenkender Dominanz gelangt. Hierdurch verlagert sich nämlich die Mächtigkeit vom Ausübenden auf den Mittler. Der Magus aber, der ja nach dem eigentlichen Wortsinn der Mächtige sein sollte, wird so zum Ohnmächtigen und schlimmstenfalls zum Beherrschten.

Aufgrund der beschriebenen Mächtigkeit aber, wie auch hinsichtlich ihres erkennbar eigenständigen Charakters, erscheint die Kraft des Spiritus magus insgesamt als eine widersprüchliche. Womit gemeint ist, daß es sich um eine bipolare Kraft handelt, die sich erst durch das zusammenfassende Wirken zweier gegensätzlicher Kräfte, nämlich hier schwarze Magie, da weiße Magie, zu einer eigenständigen und machtvollen Gegebenheit formt. Und so wurde sie ja im übrigen im übergeordneten und weltenformenden Sinne durch die Gnostiker und ihre Epigonen beschrieben. Der helle oder weißmagische Aspekt dieses Spiritus magus ist also durch seine sich selbst bedingende Gegensätzlichkeit zum dunklen beziehungsweise schwarzmagischen Aspekt von diesem grundsätzlich nicht verschieden. Er bleibt ein integraler Bestandteil desselben, so wie dies auch im Umkehrschluß gilt. Der wesentliche Unterschied zwischen beiden

25

kompensatorischen Kräften liegt lediglich in ihrer jeweiligen Zielrichtung, das heißt entweder im Schadenszauber oder im Heilzauber mit all ihren Facetten.

Paracelsus schrieb darüber: „Nun aber über das, so das natürliche Licht faßt und erkennt, ist noch mehr, das über dasselbige reicht und erhoben ist. Denn die Natur gibt ein Licht, dadurch sie mag erkannt werden aus ihrem eigenen Schein. Aber im Menschen ist auch ein Licht, so in der Natur geboren; das ist das Licht, wodurch der Mensch übernatürlich Ding erfährt und ergründet. Die im Licht der Natur suchen, die reden von der Natur, die im Licht des Menschen suchen, die reden über die Natur; er ist auch ein Geist, er ist auch ein Engel, deren aller dreien Eigenschaft hat er. Wandelt er in der Natur, so dient er der Natur, wandelt er im Geist, er dient dem Engel, wandelt er im Engel, er dient als ein Engel. Das erst ist dem Leib gegeben, die anderen sind der Seele gegeben, und sind ihr Kleinod. Darum nun, daß der Mensch eine Seele hat, und die zwei dabei, steigt er über die Natur, zu ergründen, was nicht in der Natur ist, sondern zu erfahren und zu ergründen die Höllen, den Teufel und sein Reich: also auch ergründet der Mensch den Himmel und sein Wesen, Gott und sein Reich oder die Engel und guten Geister. Denn der an einen Ort muß, derselbige soll des Ortes Wesen und Element vorhin wissen, so weiß er zu wandern, wo ihn des lüst."

Dieserart verstandene Magie bedingt jedoch immer, selbst wenn man sie ausschließlich heilbringend einsetzt, einen faustischen Pakt, da es sich bei der zur Geltung gebrachten Energie um keine lautere Kraft handelt. Langjährige Beschäftigung mit der Macht von Heilern und eigene Versuche mit magischen aus gnostischen Gemeinden überlieferten Signa bestätigten mich in dieser Ansicht. Indes gibt es fern des beschriebenen Spiritus magus auf einer übergeordneten feinstofflichen Ebene eine wirkende Kraft, die, da nicht bipolar, in sich lauter ist. Diese Monade gibt den Rahmen und den Raum, in dem weißmagisches Wirken aus sich heraus greifen kann. Und es ist Aufgabe des redlichen Magus, sich diese Kraft zu erschließen. Nur dann ist sein Wirken heil. Und nur dann bindet er seine Seelenkraft nicht um des kurzfristigen Erfolges willen an eine niedere und wegen ihrer dichteren Schwingung zwar zugänglichere, dafür aber letztlich unheilsame Kraft. Der Naturphilosoph Gotthilf von Schubert gab diesbezüglich in seinem Werk *Ansichten von der Nachtseite der Naturwissenschaften* (Dresden 1808) warnend zu bedenken: „Die echte Magie und Theurgie ist nur jene, welcher die Wesen auf ein gegebenes gutes Wort zu gehorchen pflegen, nämlich auf jenes lebendige, aus dem inneren Leben kommende, das seiner Natur nach immer zugleich auch Tat, Erfüllung, Gewährung zu sein pflegt, auf das gute Wort, nicht der Lippen, sondern des Herzens ... Aber auch bei den höchsten und scheinbar reinsten Erscheinungen der Art, sind immer zunächst untergeordnete Attraktionskräfte tätig, welche selbst noch in der höheren astralen Region der Natur walten, und welche die niederen Adhäsions- und Cohäsionskräfte des Elements bloß auf einige Zeit unwirksam, wenigstens unmerklich machen, durchaus nicht aufheben."

Der weißmagische Weg

Es gibt beliebige Möglichkeiten, sich einen Reim auf die Welt zu machen und sie alsdann seinem Sinn gemäß zu erkennen. Der Glaube des Weißmagiers ist ein Bekenntnis zur Weisheit, folglich begegnet und erkundet er die Welt durch Andacht. Sein Bemühen ist es, zu harmonisieren, demgemäß sucht er die Wahrheit im Vielen und sieht den Aufbau der Welt energetisch. Es ist eine Synthese aus magischem, mystischem und mechanischem Weltbild. Sucht etwa der herkömmliche Magus Erkenntnis durch die Beschwörung von Geistern und erachtet den Kosmos als belebt, so sieht der Mystiker den Erkenntnisweg in der Versenkung und Gottessuche und betrachtet die Welt als beseelt, während der dem mechanischen Weltbild Verhaftete an die Priorität der Vernunft glaubt und entsprechende Erkenntnis in der objektiven Beobachtung einer aus seiner Sicht konstruierten Welt findet.

Als die Symbolfiguren der weißen Magie, die die Erkenntnis aus solch dreifältiger Weltbetrachtung in sich vereinigten und zu einer höheren Einsicht verbanden, gelten gemeinhin die drei Weisen aus dem Morgenland, die als die Drei Heiligen Könige verehrt werden und auch als Schutzpatrone gegen Zauberei angerufen werden. Wenn sie auch als Personen historisch nicht belegbar sind, sieht man in ihnen doch

Chaldäer, also Magier, die die Zeichen der Zeit richtig deuteten, und aus Babylon kommend den neugeborenen Heiland in Bethlehem aufsuchten, um ihm zu huldigen. Die Einsicht, die ihnen dies ermöglichte, dürften sie aus einer präzisen Sternenbeobachtung und -deutung, der dreifachen Jupiter-Saturn-Konjunktion im Jahre 7 v. Chr., dem eigentlichen Geburtsjahr Jesu, sowie mystisch-magischer Betrachtung der wirkenden energetischen Aspekte gewonnen haben.

Anhand des Beispiels der Drei Könige, die die kommende Ankunft des Messias aufgrund ihrer außerordentlichen Weisheit bemerkten und ihn gewissermaßen als erste bezeugten, kann man, auch wenn sie als Personen hintergründig bleiben, jene Eigenschaften ablesen, die das Wesen einer lauteren weißen Magie im Gegensatz zu einer bipolaren Magie ausmachen. Huldigten sie doch im Jesuskind einer höchsten Weisheit und Göttlichkeit und bekundeten somit eine alltragende Gotteskraft. Bemerkenswerterweise geschah dies zu einer Zeit, zu der sich die chaldäischen Priesterkasten im Niedergang befanden. Mit diesem Niedergang wandelte sich auch, insbesondere durch das Wirken Christi, das alte magische Gottesverständnis. Beherrschten die Chaldäer ihre Gottheiten noch durch Zauber, so trat an dessen Stelle der Gottesglaube an eine ungeteilte und unbeeinflußbare göttliche Kraft, der man sich nur durch Andacht nähern und in Demut fügen kann. Die Gottheit, durch die an sich auch stets der Mensch erhöht wurde, konnte von nun an nicht mehr durch die Macht der Magie gebannt werden. Folglich konnte auch der Mensch sich und seine Gottheit durch seinen Kult nicht mehr so weit verleugnen, als daß er das ihn eigentlich Erhöhende durch Magie sich letztlich unterwarf. In diesem Sinne verkörpern die drei Weisen, auch zu Beginn der Zeitenwende, den durch transzendente Einsicht und Eingebung Bekehrten. Und durch die Beschreibung solch spirituellen Geschehens läßt sich auch der Weg zur Erschließung lauterer magischer Kraft erfassen.

Voraussetzung, um sich den energetischen Raum lauterer weißer Magie zu erschließen, ist die Bereitschaft zur Selbstklärung und Selbsterkenntnis. Damit ist vor allem Einsicht in Strukturen und Zusammensetzung der eigenen Person und die Überwindung dieser Muster gemeint. Der Mensch ist nämlich als Person im eigentlichen

Sinn des Wortes kein Individuum, auch wenn wir dies gemeinhin annehmen. Individuum bedeutet „das Unteilbare". Und genau das sind wir als Person nicht. Vielmehr verkörpern wir in und durch unsere Person tagtäglich eine Vielzahl verschiedener Rollen und Wesenszüge, die in ihrer jeweiligen Zusammensetzung als eigenständige Charaktere erscheinen. Ein Sachverhalt, der uns durchaus geläufig ist, der uns aber erschreckt, sobald wir ihn in seiner ganzen Tiefe erkennen. In diesem Erschrecken aber liegt die grundlegende Schwierigkeit jeder Selbstbesinnung. Denn durch die Erkenntnis der Eingeschränktheit unserer Person erfahren wir uns in seltsamer Weise flüchtig, ja beinahe verloren.

Doch solange wir den gebotenen Blick auf und in uns selbst nicht wagen, sind wir auch nicht imstande, die wahren Beweggründe für unser Tun und Handeln zu erforschen. Es sind aber genau solchermaßen ursächliche Beweggründe, die uns treiben, unsere Person formen und uns letztlich ans Materielle mit all seinen Spielarten binden. Einerseits erlangen wir dadurch zwar personale Festigkeit, und unser Schrecken vor der Unbestimmtheit unserer Person verliert sich. Andererseits verfestigt sich auch unsere Selbstsucht, die wir, da meist wenig edel, als solche kaum zu erkennen vermögen. Indessen ist es eben dieses selbstsüchtige Begehren, das uns den Zugang zu einer lauteren Form magischen Wirkens versperrt. Denn wer aus gemeinen, eigennützigen und gewinnsüchtigen Motiven sich der Magie zuwendet, verbindet sich ebenso wie der, der dies im ärgsten Fall aus Rachedurst oder Niedertracht tut, mit bipolaren magischen Kräften und kann am Ende die Geister, die er rief, nicht mehr loswerden.

Also sollte, wer sich der Magie zuwendet, zunächst beherzt bis in alle Winkel und Tiefen seiner Seele selbst ergründen, um sein selbstsüchtiges Streben zu erhellen. In einem zweiten Schritt gilt es dann, sich von diesen Wesenszügen zu befreien. Wobei die Befreiung hiervon niemals aus eigener Entschlußkraft wirken kann. Denn jede Entschlußkraft ist auch mit einer Absicht verbunden, und jede Absicht ist auch mehr oder minder egozentrisch bestimmt. Die Lösung von selbstsüchtigen Zügen ist nur möglich durch die Entgrenzung unserer Person beziehungsweise durch das Einfügen unserer selbst in eine transzendente Sphäre. Es ist also im Grunde genommen jener erleuchtende Akt der Wandlung, der von jeher als Begnadung verstanden wird. Und nur wer solchermaßen von seiner Eigensucht geläutert ist, steht als lauterer Magus im Einssein mit jener allumfassenden Kraft. Solche weiße Magier vermögen dann als stille Führer auf den menschlichen Geist, verstanden als morphogenetisches Feld, einzuwirken, so wie es uns die Legende vom Gral oder den sieben Weisen von Akasha vermittelt. Wobei dieser lichte und heilbringende Einfluß für gewöhnlich unerkannt aus beinahe himmlischer Stille und Versenkung geschieht.

Dem dieserart Uneingeweihten mag all dies irrational erscheinen. Womit er strenggenommen sogar den dem Phänomen angemessenen Eindruck hat. Denn Magie ist fürwahr die pure Unvernunft. Allerdings in positivem Sinne; schließlich handelt es sich hierbei um eine Erkenntnis des Herzens, also um ein Wirken jenseits und über unseren Verstand hinaus, welches in seiner edelsten Form einer Vereinigung mit göttlichen Kräften entspricht. Und so ist es auch kaum verwunderlich, daß beim magisch Wirkenden die Kundalinikraft angeregt ist, jener ominöse transzendente, aber dennoch körperlich manifeste Energiefluß. Folgerichtig spielen auch die Chakren, die feinstofflichen Energiezentren entlang unserer Körperachse, im magischen Geschehen eine Rolle. Wobei in der bipolaren Magie neben dem untersten Chakra, dem Wurzelchakra, vornehmlich das zweite und vierte Chakra, also Sexual- und Herzchakra, angesprochen werden. Der bedingte weißmagische Aspekt steht dabei in Resonanz mit dem Herzchakra. Interessant in diesem Zusammenhang ist übrigens, daß schwarzmagische Angriffe überwiegend über dieses Chakra einwirken. Bei der lauteren weißen Magie hingegen ist es das sechste Chakra, das sogenannte dritte Auge, das der Magier aktiviert und durch das seinem magischen Wirken feinstoffliche Impulse zugeleitet werden.

Formen des Abwehrzaubers

Vielfach wird apotropäische Magie, das heißt die Unheil und Unbill abwehrende Zauberkunde, als eine oder gar die Form der weißen Magie angesehen. Dies ist jedoch eine ziemlich undifferenzierte Ansicht. Denn Form, Mittel und Zielrichtung des Abwehrzaubers sind ebenso vielschichtig wie die energetische Qualität, die durch die apotropäische Handlung angesprochen und aktiviert werden kann. So reicht die Bandbreite von der harmlosen psychischen Selbstermutigung über Stimulanz und Einsatz eigener feinstofflicher Kräfte bis hin zur Verbindung mit übergeordneten spirituellen Mächten. Folglich fließen bei manchen als weißmagisch aufgefaßten Handlungen höchstens die Gedanken, jedoch keine magischen Kräfte, während bei so manchem anderen Tun lediglich unbewußt weißmagische Energien angesprochen werden, die sich über die Zeiten hinweg in Ritualen und Zeichen verfestigt haben. Aktivitäten dieserart kann man zwar berechtigterweise dem Bereich der Magie zurechnen, echtes magisches oder gar weißmagisches Wirken sind sie jedoch noch nicht. Solches Wirken geschieht erst, wenn tatsächlich und bewußt eigene oder transzendente feinstoffliche Kräfte gelenkt und eingesetzt werden. Wobei sich weißmagisches Wirken nicht nur auf Abwehr- beziehungsweise Schutzzauber beschränkt, sondern in seiner erhöhten Form auch Heilzauber in sich einschließt.

Abwehr- und Schutzzauber sind zudem ebenso vielfältig wie die mannigfaltigen Möglichkeiten negativer Einflußnahme, denen wir uns, beginnend mit der kleinen alltäglichen Einschränkung bis hin zum unverdienten, scheinbar willkürlichen Schicksalsschlag, ausgesetzt fühlen. Zwei Beispiele mögen dies verdeutlichen:

Ein Freund von mir, der als Psychologe praktiziert, wurde eines Tages von einem äußerst sensiblen jungen Mann aufgesucht, der glaubte, an Klaustrophobie zu leiden. Alsbald stellte sich jedoch heraus, daß er lediglich äußerst empfindsam auf Ansammlungen von Menschen reagierte und sich dabei vornehmlich in öffentlichen Räumen äußerst bedrückt fühlte. Er reagierte offensichtlich besonders feinfühlig auf die dumpfen Schwingungen, in denen ein beachtlicher

Teil unserer Mitmenschen durch ihren Tag trotten. Mein Freund sprach mit mir über diesen Fall, weil ihm keine fachgerechte Problemlösung einfallen wollte. Ich riet ihm daher, seinem Klienten eine Abwehrmudra, ein apotropäisches Handzeichen, zu empfehlen. Er tat es und hatte alsbald einen Klienten weniger, denn fortan konnte sich der junge Mann, quasi unter einer energetischen Schutzkappe geborgen, unbefangen und unbedrückt in der Öffentlichkeit bewegen.

Schwerwiegender hingegen war das Geschehen bei einer guten Bekannten von mir. Nach der Trennung von ihrem Freund schien ihr das Schicksal nicht mehr hold. Was sie auch anpackte und unternahm, alles schien unter einem unguten Stern zu stehen. Sie konsultierte deswegen sogar einen Astrologen, der jedoch keine Anhaltspunkte für die ihr widerfahrende Unbill erkennen konnte. Als sie mir anläßlich eines Besuches in ihrem Haus zum wiederholten Male ihr Leid klagte, bemerkte ich, wie sich eine eminente negative Kraft aufbaute. Erst war ich der Meinung, daß sie selbst diese Kraft auslöste. Auf ihr Bitten hin entschloß ich mich, entgegen meinem Grundsatz, daß die beste Hilfe die Anleitung zur Selbsthilfe sei, das Phänomen zu untersuchen. Sehr schnell fand ich dabei heraus, daß nicht sie das negative Wirken verursachte, sondern die wirkende Kraft von außen auf sie gelenkt wurde. Irgend jemand oder irgend etwas agierte in schwarzmagischer Weise gegen sie. Ich konzentrierte mich zunächst auf die räumliche Atmosphäre und fand verschiedene Gegenstände, die mit dem malevolenten Geschehen in ursächlichem Zusammenhang zu stehen schienen. Es waren alles Dinge, die ihr ehemaliger Freund scheinbar großzügig in ihrem Haus zurückgelassen hatte. Bei näherer Betrachtung stellte sich jedoch heraus, daß der überwiegende Teil der Gegenstände mit schwarzmagischen Zeichen versehen war. Also räumten wir alles, was ihr Freund zurückgelassen hatte, aus dem Haus und verbrannten es. Was sich nicht verbrennen ließ, zerschlugen und vergruben wir. Danach führte ich eine spirituelle Reinigung des Hauses durch. Die Atmosphäre war daraufhin deutlich besser, aber immer noch nicht ausgeglichen. Das bedeutete, daß ihr ehemaliger Freund auch aus der Ferne mit schwarzmagischer Macht auf sie einwirkte. Wir brachten daher Schutzzeichen und apotropäische Spiegel im Hause an, die die negativen Energien auf ihren Verursacher zurücklenkten. Außerdem zeigte ich meiner

Bekannten eine Praktik, wie sie diese unguten Kräfte von sich ablenken konnte. Der Erfolg war durchschlagend, denn von diesem Tag an schien für sie wieder ein guter Stern. Ihrem ehemaligen Freund aber, der seinen schwarzmagischen Zauber offensichtlich nicht einstellen mochte, brachte, wie wir später erfuhren, sein fortgesetztes Wirken nichts Gutes mehr ein.

Freilich ist das zuletzt gegebene Beispiel ein Ausnahmefall, denn nur selten ist jemand echten schwarzmagischen Praktiken ausgesetzt. In weit höherem Maße wird uns nämlich von scheinbar Gutmeinenden in magisch energetischer Weise nachgestellt. In seiner Wirkung behindert uns jedoch ihr Tun und Lassen mehr oder minder erheblich in unserer Lebensgestaltung. Im einfachsten Fall sind dies mit ziemlicher Verve vorgetragene, gleichwohl unerbetene Ratschläge und Einschätzungen zu uns und unserer Lebenssituation, hinter denen jedoch nicht der eigentliche Wunsch zu helfen steht, sondern das Bemühen des Ratgebers, uns nach seiner Vorstellung zu formen und und uns ihm anzugleichen. Statt Hilfe wird uns so ein Gefühl der Unzulänglichkeit vermittelt, während der ungebetene „Rat-Schläger" zugleich von unserer psychischen Kraft zehrt. Von ähnlicher Art, jedoch schwerwiegender ist solches Vorgehen, sobald gewollt oder ungewollt Mittlerkräfte mit einbezogen werden. Dies kann zum Beispiel ein unbestelltes Horoskop sein, durch das wir von einem besorgten Freund gewarnt werden sollen, das sich aber in seiner ungünstigen Auslegung zu einer sich selbsterfüllenden Prophezeiung wandelt. Ebenso kann es der liebevolle Versuch eines verstoßenen Angehörigen sein, durch Imagination einen durch uns um unser Seelenheil willen bewußt abgebrochenen Kontakt wieder aufzunehmen. Oder wir werden Opfer stümperhafter esoterischer Machenschaften. Sei es, weil ein Freund an uns sein esoterisches Wissen anwenden will und uns mit unerwünschter Pendelei, Auraeinwirkung und gesundheitlichen wie seelischen und spirituellen Diagnosen traktiert, oder sei es, weil uns jemand sein unzulängliches energetisches Muster durch ungenügende und meist unverlangte Direkt- und Fernheilungsversuche aufprägt.

Diese und andere Methoden mögen vom Absender als weißmagisch heilendes Einwirken auf unsere Person verstanden werden, in der Tat sind sie jedoch von einer eitlen und selbstsüchtigen Energie getragen. Und so beinhalten sie einen schwarzmagischen Aspekt, ganz gleich wie vordergründig edel auch die lautere Absicht vom Durchführenden vor sich her getragen wird. Wobei der schwarzmagische Aspekt in solchen Fällen im wesentlichen im mangelnden Respekt gegenüber unserer Integrität und im Angriff auf unser eigenes Wollen und Gestalten besteht.

Weit darüber hinaus reichen freilich ihrer Art nach eigentlich schwarzmagische Praktiken. „Eigentlich" deshalb, da sie zwar eindeutig schwarzmagisch wirken, vom Absender aber gleichwohl noch nicht bewußt als solche eingesetzt werden. Gemeint sind damit in erster Linie all die Neider und Böswilligen mit ihren gegen uns gerichteten schlechten Gedankenkräften, bösen Blicken und leisen wie lauten Verwünschungen. In den meisten Fällen dieser Art dürften die Verursacher solch nachteiliger Energien meist keine Ahnung von den durch sie ausgelösten magischen Vorgängen haben. Dessen ungeachtet aktivieren sie, wenn auch unbewußt, in schwarzmagischen Prozessen gezielt malevolente Kräfte. So berichtete mir beispielsweise Sabine, eine glücklich verheiratete und gutaussehende Frau, daß sie sich im Umgang mit ihren Freundinnen zunehmend bedrückt und verzagt fühlte. Zudem hielte diese depressive Verstimmung immer länger an und würde sich bereits auch auf ihre Familie auswirken, indem sie mehr und mehr dazu neigte, sich zu verschließen und zurückzuziehen. Ich versprach Sabine, bei ihrer anstehenden Geburtstagsgesellschaft die Augen aufzuhalten und auf etwaige negative Angriffe zu achten. Auf der Party fielen mir zwei ihrer Freundinnen auf, die ihr scheinbar besonders herzlich zugetan waren. Dennoch spürte ich, daß sie trotz ihres warmherzigen Gebarens eine gewisse Kälte umgab. Wenig später hatte ich Gelegenheit, mit den beiden zu plaudern. Ich lenkte das Gespräch auf unsere Gastgeberin und fand in ihren bitteren Scherzen über Sabines Glück Bestätigung für meinen Verdacht; die beiden waren krank vor Neid. Am anderen Tag sprach ich mit Sabine darüber und erfuhr von ihr, daß die beiden ziemlichen Trouble in ihren Beziehungen hatten. Ich riet ihr daraufhin, den Kontakt zu den beiden Freundinnen in der nächsten Zeit einzuschränken, und empfahl ihr ein Amulett, das sie bei sich tragen und im notwendigen Umgang mit den beiden häufiger berühren sollte. Hierauf glitten die von den Freundinnen gegen sie gerichteten negativen Schwingungen an ihr ab und ihre depressive Verstimmung verflog. Und nachdem sich einige Monate später auch die Beziehungen der beiden Freundinnen wieder klärten, war der schlechte Zauber vorbei und die Freundschaft unter den dreien wieder harmonisch wie ehedem.

Wie die vorangegangenen Beispiele gezeigt haben, müssen wir uns also nur in den seltensten Fällen vor echten schwarzmagischen Angriffen schützen. Meist geht es nur darum, psychische Verschmutzungen, die durch Mitmenschen auf uns gelenkt werden, von uns abzuweisen, auf daß wir von ihnen nicht verschattet werden. Darüber hinaus können wir durch apotropäische Magie auch unser Heim und unseren Herd vor Unbill schützen. Durch solchen Schutzzauber versuchen wir präventiv eine positive Atmosphäre um unser Hab und Gut zu schaffen, auf daß durch sie negative Kräfte abgelenkt werden. Der magische Hintersinn ist dabei, daß die solchermaßen gebundenen weißmagischen Kräfte das zu Schützende dem Blick der übelwollenden Kraft entziehen. Gemeinhin nennt man dieses Wirken „Sankt-Florians-Prinzip". Im Wissen, daß Brände nicht gänzlich zu vermeiden sind, betet man ja bekanntlich „Heiliger Sankt Florian, verschon mein Haus, zünd' andere an". Dieser fromme Wunsch wird übrigens auch heute noch zum Schutz vor Brandschaden an so manche Hausfassade gemalt.

Entschiedener noch als durch die Verwendung von Symbolen und tradierten apotropäischen Handlungen können wir unseren Besitz allerdings schützen, indem wir Mittlerkräfte anrufen. Solches Vorgehen sollte freilich gut bedacht werden. Birgt es doch die Gefahr, daß man sich eine Kraft zur Seite holt, die so weit Eigenständigkeit gewinnen könnte, daß sie um ihres Selbsterhaltes willen beginnt, von unserer Seelenenergie zu zehren. Ungefährlich sind in diesem Zusammenhang jedoch all jene Mittler, die religiöser Verehrung für würdig befunden wurden. Verkörpern sie doch eine durch und durch positiv wirksame Kraft. Die Vielzahl der anzurufenden Heiligen und ihrer ihnen zugesprochenen Patronate geben hiervon ein beredtes Zeugnis. Darüberhinaus ist diese Ausformung des Schutzzaubers in magischen Brauchtumshandlungen erhalten, die für gewöhnlich von den Ausübenden nicht einmal als magische Handlungen erkannt werden. Oder wer denkt etwa schon daran, wenn er sich zu Weihnachten das

Grün des Waldes in die Wohnung holt, sich rotgefärbte Eier zu Ostern auf den Eßtisch stellt oder eine Christophorus-Medaille ans Armaturenbrett seines Autos heftet, daß er damit eine magisch wirksame Handlung ausübt, bei der er zugleich auch Mittlerkräfte etwa in Gestalt von Fruchtbarkeitsgeistern anruft? Wird allerdings eine Mittlerkraft, die in ihrer Eigenart nur durch uns selbst bestimmt wird, gewollt imaginiert oder herbeigerufen, initiieren wir ein komplexes magisches Geschehen. Solches Vorgehen birgt jedoch auch Gefahren in sich. Damit es uns folglich nicht zum Schaden gereicht, sollten wir uns deshalb bereits wenigstens so weit selbst erkannt haben, daß wir neben unserer dichten materiellen Seite auch um unsere lichte lautere Seite wissen, sprich: einen unverstellten Zugang zu unserem höheren Selbst haben.

Alexander, ein Bauingenieur, praktiziert Schutzzauber von der beschriebenen Art, indem er den Geist eines alten Kelten anruft. Dieser alte Kelte ist jedoch kein eigenständiger Mittler, sondern ein Aspekt von Alexanders höherem Selbst, durch den er Zugang zum magischen Urgrund in sich selbst gefunden hatte. Dieser Zugang eröffnete sich ihm zu einer Zeit, als er auf einem Gehöft lebte, das auf altem keltischen Siedlungsgebiet im bayerischen Schwaben gründete. Damals visionierte er die sich ihm erschließende und ihm eigene magische Urmächtigkeit in Verbindung mit der magisch-mystischen Atmosphäre der Örtlichkeit. Fortan ruft er, wann immer er Schutz sucht, seinen alten Kelten zur Hilfe. Dabei ist er sich in jedem Fall völlig bewußt, daß er im Grunde genommen nur den dergestalt durch ihn selbst personifizierten weißmagischen Quell seines höheren Selbst aktiviert. Von der Wirkung seines Schutzzaubers ist er indes so überzeugt, daß er heute, in einer Großstadt lebend, sein Haus meist sorglos unverschlossen läßt. Hierbei kommen ihm allerdings noch zwei weitere magische Komponenten zugute, nämlich Voraussehung und Gegenzauber. Hierdurch ist er einerseits weitgehendst vor Fahrlässigkeit gefeit, und andererseits würde sich ein Angreifer mehr Schaden als Nutzen durch seine schlechte Tat einhandeln. Doch dazu später mehr. Zuvor noch zu einem gegenteiligen Fall, den ich beobachten konnte und an dem das Glück einer ganzen Familie zerbrach.

Eine geschäftliche Angelegenheit führte mich in das Haus von Walter, einem sehr erfolgreichen Kollegen. Bei meinem Eintreten fiel mir sofort die ungute und kräftezehrende Atmosphäre auf, die in den Räumen herrschte. Von Walters Büro aus übersah man den wunderschönen und mit viel Liebe angelegten Garten. Am Rande des Gartens befand sich jedoch eine Art Taubenschlag, der aufgrund seiner ungewöhnlichen Geschmacklosigkeit das prächtige Bild des Gartens erheblich störte. Darauf angesprochen, meinte Walter, daß dieser unansehnliche Kasten seinen Schutzgeist beherberge und nach dessen Wünschen von ihm gestaltet worden sei. In Einschätzung der unguten Atmosphäre warnte ich Walter eindringlich davor, sich weiter auf diese Kraft einzulassen, und riet ihm, diese seltsame Behausung zu zerstören. Ich stieß jedoch auf taube Ohren, verdankte Walter doch nach seinem Erachten einen Gutteil seines Erfolges diesem Schutzgeist, der sich ihm ursprünglich während einer spiritistischen Sitzung angedient hatte. Nach diesem Besuch hatte ich noch über längere Zeit losen Kontakt zu Walter. Dabei klagte er auch gelegentlich darüber, wie die Forderungen seines Schutzgeistes nach Zuwendung und Zwiesprache zunahmen. Doch war er offensichtlich bereit, diesen Tribut zu zollen. Die Folge war indes, daß er sich allmählich mitsamt seiner Familie, die er gleichfalls in diesen Bann mit hineinzog, immer mehr von der Außenwelt absonderte. Es waren schließlich Walters Kinder, die den Bann zuerst durchbrachen und kaum flügge geworden das Haus beinahe fluchtartig verließen. Aus den gleichen Gründen verließ ihn wenig später auch seine Frau. Walter aber, dem sein fortwährender geschäftlicher Erfolg offenbar bedeutsamer war als das Glück seiner Familie und sein eigenes Seelenheil, blieb seiner dominanten Mittlerkraft zwanghaft treu.

Bei der direkten magischen Anrufung von Mittlerkräften sollten wir folglich darauf achten, daß wir unsere persönliche Integrität nicht aufs Spiel setzen. Darum sollten wir uns auch gut prüfen, ob der Anlaß es überhaupt rechtfertigt, daß wir uns um einen solch mächtigen Zauber bemühen. Vielfach genügt nämlich ein magisches Symbol, das, wenn überhaupt, nur indirekt Mittlerkräfte anspricht. Halten wir statt dessen unser eigenes magisches Potential jedoch für zu gering, daß die durch schlichte Magie aktivierten Energien ihr Ziel erreichen könnten, sind wir auch gewiß nicht Manns genug, mächtigere Energien im Zaum zu halten.

Zum Schutz der Person und des Eigentums wird freilich ohnehin überwiegend zu Symbolen, Talismanen oder Amuletten gegriffen. Denn im großen und ganzen ist es eher eine unbestimmte zufällige statt einer konkreten Gefährdung, die gemeinhin von uns befürchtet wird. Wollen wir indes die Wirkung solch magischer Handlungen verstärken, indem wir die aktivierte Kraft vom Unbestimmten aufs Konkrete lenken, bedarf es häufig auch der Fähigkeit der Voraussehung. Grundsätzlich schlummert in einem jeden von uns diese Befähigung. Mit einfachen magischen Mitteln kann sie daher auch meist ein jeder so weit aktivieren, daß er zumindest für seine persönliche Sphäre treffende Voraussagen durchführen kann. Im allgemeinen empfehle ich hierfür den Einsatz des Siderischen Pendels, das Kartenlegen oder den gelenkten Traum. Mit allen drei Möglichkeiten kann man sich in unkomplizierter Weise Klarheit über die auf einen gerichteten unguten Kräfte und deren Ursprung verschaffen. Obendrein wird bei solcher Vorausschau vielfach deutlich, daß der zu erwartende Angriff im Grunde genommen durch uns selbst heraufbeschworen wird, da wir uns in einem entsprechend entkräfteten Zustand befinden. In solchen Fällen rate ich dann eher zur magischen Reinigung des Körpers wie des Hauses. Überhaupt ist die magische Reinigung, sei es durch Räucherungen oder Waschungen, nicht nur eine Möglichkeit, sich leichthin zu schützen, sondern bietet auch die Gelegenheit, sich intuitiv mit seinem eigenen magischen Potential vertraut zu machen; schließlich steigern wir durch die so erfolgte Klärung unseres Energiekörpers auch die eigene Empfindsamkeit für unsere Seelenstruktur.

Auf der Scheidelinie zwischen weißer und schwarzer Magie liegt eindeutig der Gegenzauber. Darum ist er auch nach allgemeinem Verständnis kein Apotropäum, also Unheil abwehrendes Zaubermittel mehr. Bei dieser Praktik wird nämlich durch magische Kraft gezielt auf eine andere Person eingewirkt. Von daher ist sie auch nur im Sinne einer Notwehrhandlung vertretbar, um sich vor übellaunigen Mitmenschen zu schützen, die uns unser Leben vergällen wollen. Wer also Gegenzauber einsetzt, nur weil ihm eine andere Person nicht zu Willen ist, der handelt im Prinzip schwarzmagisch, mit allen negativen Folgen für sein eigenes Seelenheil. Leider ist die Versuchung oft übermächtig, sein Wissen und seine Mächtigkeit diesbezüglich anzuwenden, um sich jemanden entsprechend willfährig zu machen. Vor allem im Liebeszauber wird diese Grenze meist ohne Sinn und Verstand überschritten.

So holte sich einmal Beatrice, eine leitende Angestellte, bei mir Rat, weil sie sich von unerklärlichen Kräften bedroht fühlte. Insbesondere bemerkte sie starke emotionale Schwankungen an sich, die sich vor allem darin äußerten, daß sie manchmal Geschehnisse und Dinge für guthieß, die sie ansonsten ablehnte. Nach zwei längeren Sitzungen, in deren Verlauf ich ihr energetisches Umfeld untersuchte, kam ich zu dem Ergebnis, daß einer ihrer männlichen Untergebenen sie per Liebeszauber verfolgte. Da jedoch seine Zuneigung keine Aussicht auf Gegenliebe hatte, wirkte sich sein Zauber nur in der beschriebenen Weise aus. Wir hätten nun einen adäquaten Gegenzauber inszenieren können, was ich jedoch für überzogen hielt. Statt dessen empfahl ich Beatrice ein Schmuckstück aus Bergkristall zu tragen, durch das sie sich abschirmen konnte und gleichzeitig in Richtung des Angreifers Kälte signalisierte. Außerdem legte sie sich eine durchstoßene Scheibe aus Onyx als Briefbeschwerer auf ihren Schreibtisch. Hierdurch wurde die auf sie gerichtete magische Kraft ihres unheimlichen Verehrers wie von einem mächtigen Wirbel verschluckt. Zwei Monate später war der Zauber vorüber. Der junge Mann verließ sichtbar entkräftet Beatrices Abteilung.

In einem anderen Fall aber, in dem ich selbst den schier wahnhaften Belästigungen eines Nachbars ausgesetzt war, entschloß ich mich zu einem Gegenzauber. Denn die Angriffsenergie meines Nachbarn wurde spürbar aus einer bösen Quelle genährt. Entscheidend für mein Vorgehen war dabei die Frage, wie ich entweder diese Quelle zum Versiegen bringen oder den Angriff derart kontern könnte, daß diese Belästigungen ihr Ende finden, indem sich mein Nachbar samt seiner unguten Kraft einem anderen Ziel zuwenden würde. Zunächst versuchte ich mit Bindesymbolen, die ich ihm zukommen ließ, die negative Kraft in ihm selbst zu erden. Der Erfolg war jedoch nur mäßig und kurzfristig, da ich kein dauerhaftes Signa in seiner Nähe installieren konnte. Also ritzte ich schließlich in mehrere Kerzen den Namen meines Nachbarn und ließ sie des Nachts vor einem erhöht gestellten Foto von mir niederbrennen. In einem kleinen Ritual richtete ich zudem die Kraft dieses Bildes auf seine Träume. Wenige Tage später hatte der Ärger ein Ende. Mein Nachbar war zwar nach wie vor ein Ekel, nur richtete er jetzt seine Übellaunigkeit gegen andere, während er mir, so gut er konnte, aus dem Wege ging.

Ein anderes Kapitel ist die Dämonenabwehr. Sie ist uns vom Brauchtum her geläufig. Sie wird insbesondere zur Winterzeit, wenn die Tage kürzer werden, gepflegt. Am bekanntesten und verbreitetsten sind dabei diverse Silvester-, Faschings- und Karnevalsbräuche, aber auch im Totenkult sind sie gang und gäbe. Hier wirken vor allem Räucherungen, Lichter setzen und kleine Opfergaben abwehrend und beschwichtigend. So oblag es mir etwa, einem Freund beizustehen, dessen Vater unversöhnt von ihm gegangen war und dessen Anwesenheit über seinen Tod hinaus von ihm deutlich empfunden wurde. Während drei aufeinanderfolgender Nächte entzündete er daher auf meinen Rat hin Räucherwerk und setzte sich gründlich und zugleich verständnisvoll mit seinem Vater auseinander. So gelang es ihm schließlich, sich im Geiste mit seinem Vater zu versöhnen, worauf er ihn am Morgen der dritten Nacht sehr bestimmt, gleichwohl liebevoll, endgültig verabschieden konnte.

Von zwiespältiger Güte kann auch der Glückszauber sein. Im eigentlichen Sinne zählt dieses magische Wirken zwar nicht zum Abwehrzauber, soweit es allerdings vorbeugend eingesetzt wird, verbinden sich mit ihm durchaus auch apotrophäische Energien. Landläufig bekannt ist die Behauptung, daß man spirituelle und magische Kräfte nicht zum persönlichen Gewinnstreben aktivieren sollte, da sie sich sonst gegen einen richten könnten. Diese Aussage ist so richtig wie allgemein. Die Gefahr beim Glückszauber besteht nämlich in unserem Hang zum Nimmersatt. Allzuleicht könnten wir, wie das erwähnte Beispiel mit Walter demonstrierte, zum Sklaven der von uns aktivierten Kräfte werden und unser Seelenheil an sie preisgeben. Folglich sollten sich auch nur gefestigte Persönlichkeiten auf jene Formen des Glückszaubers einlassen, die über Symbolik und Signa hinaus magische Sphären ansprechen. Grundsätzlich sollte man beim Glückszauber nicht nach den Sternen greifen und versuchen, seine Traumschlösser einzurichten, sondern seiner eigenen Schicksalslinie folgen. Hier kann Glückszauber unterstützend und ebnend wirken und unser Leben so weit ausschmücken, daß wir in einer uns selbstverständlichen Weise Glück empfinden. Das bedeutet aber auch, daß wir trotz Magie das Glück nur dort finden werden, wo es uns persönlich gegeben ist; und dies ist, allein von der

Lebenserfahrung her, in den seltensten Fällen das materielle Glück. Wieviele Tausende haben sich beispielsweise die Nächte um die Ohren geschlagen, um die Lottozahlen zu erpendeln, und dabei doch nur Verdruß geerntet, dieweil aber Zeit, Kraft und Geld verloren.

Abschließend sei noch eine besonders heikle Kategorie des Abwehrzaubers erwähnt, der Heil- oder Gesundzauber. Heikel ist diese Form der Magie vor allem deswegen, da sie im schlechtesten Fall tödlich enden kann. Und ich möchte nicht wissen, wieviele Patienten von „Medizinmännern" oder „Heilern" durch wirkungslosen Hokuspokus unter die Erde befördert wurden. Andererseits ist die Wirkung manch magischer Heilversuche oft sehr verblüffend, vor allem dann, wenn durch das Geschehen die psychosomatische Kraft des Patienten gestärkt wird. Des weiteren gründet auf dem Gesundzauber auch unser heutiges homöopathisches Wissen der Arzneimittelkunde wie der medizinischen Praxis.

In Verbindung mit dem Abwehrzauber steht nur der vorbeugende, krankheitsabwehrende Gesundzauber. Hierbei sind verschiedene Praktiken in ihrer Wirkung durchaus nachvollziehbar, beispielsweise das kultische Wälzen auf taufrischen Wiesen, das belebende Schlagen mit jungen Ruten oder das reinigende Bad in frühlingsfrischen Quellen. Andere krankheitsabwehrende magische Praktiken, wie Schutzzeichen und Anrufungen, deuten hingegen wiederum auf die Einflußnahme und Stärkung unserer psychosomatischen Kraft hin.

Wegen seines heiklen Charakters wurde der Heilzauber bei der anschließenden Darstellung weißmagischer Gebräuche nur am Rande berücksichtigt. Ansonsten wird dem Leser auf den folgenden Seiten ein Überblick über die Möglichkeiten und Einsätze weißer Magie geboten. Wobei hinzugefügt werden muß, daß allein die geistige Reife und Einstellung des Magus dafür entscheidend ist, ob die von ihm aktivierten Kräfte auch von lauterer Natur sind. Von daher bleibt es also jedem einzelnen überlassen, sich gewissenhaft zu prüfen, ob er sich nicht überfordert, und abzuwägen, ob die von ihm gewählte magische Praktik auch dem Anlaß angemessen ist. Ansonsten könnte er womöglich, gleich Goethes Zauberlehrling, ausrufen: „Herr, die Not ist groß! Die ich rief, die Geister, werd' ich nun nicht los."

Praxis der weißen Magie

Abbitten

Um Entschuldigung zu bitten, ist an sich schon ein positiver und klärender Zauber. Wir können seine Wirkung noch dadurch fördern, daß wir den Schmerz des von uns Gekränkten auf magische Weise lindern. Waren es unsere Worte, die den anderen verletzten, so spülen wir uns den Mund mit klarem Wasser und streichen uns danach dreimal mit dem → kleinen Finger der linken Hand über die Lippen. Waren es indes Taten, durch die wir unseren Nächsten schädigten, so spucken (→ Ausspucken) wir in die Hand, die den Schmerz verschuldete.

Abrakadabra

ABRAKADABRA
ABRAKADABR
ABRAKADAB
ABRAKADA
ABRAKAD
ABRAKA
ABRAK
ABRA
ABR
AB
A

Dieses Zauberwort steht in enger Verbindung mit der → Abraxasgemme und ist eigentlich nur aus ihr heraus zu deuten. Da dieses Zauberwort jedoch häufig auch im Heilzauber als Bekräftigungssiegel Anwendung fand, ist die Deutung, daß es sich um eine Abwandlung der hebräischen Worte „Abbada kedabra" handelt, nicht ganz von der Hand zu weisen. Dieser Ansicht nach bedeutet Abrakadabra

„Nimm ab wie dieses Wort!". Von daher ist auch zu verstehen, daß dieses Zauberwort häufig in Form eines auf der Spitze stehenden Dreieckes niedergeschrieben wurde.

Diese Form der Reduzierung, ein sogenanntes Schwindeschema, ist in der Magie recht häufig, da dadurch das ursprüngliche Wort um wenige Buchstaben erweitert um ein vielfaches vermehrt gelesen werden kann. Hierdurch soll sich auch seine magische Kraft entsprechend potenzieren. Im dargestellten Fall kann man 1024 mal Abrakadabra herauslesen; was zudem in seiner Quersumme die geschätzte Glückszahl 7 ergibt.

Grundsätzlich ist dieses Zauberwort als die profane oder volkstümliche Komponente des Abraxas zu verstehen und kann zur Verstärkung und Bekräftigung einfacher magischer Handlungen verwendet werden. Zu magischen Zwecken wird es richtigerweise „A-<u>bra</u>-sada-<u>bra</u>" ausgesprochen.

Abraxasgemme

Der Abraxas, gesprochen „Abrasas", ist gnostischen Ursprungs und wurde wahrscheinlich im Umfeld der Basiliden, eines christlich-gnostischen Mysterienvereins, als höchster Gottesname in Anlehnung an das → Tetragramm kreiert. Der Zahlenwert seiner 7 griechischen

Buchstaben ergibt addiert die für Gnostiker bedeutende Zahl 365. Im gnostischen System gilt der 365. Himmel als der höchste Himmel, in dem der Geist, der Logos und die Engel ihren Ursprung haben. Die Summe dieser Himmel aber umfaßt die höchste Gottheit. Insofern ist die mit dem Abraxas angesprochene Kraft die reinste positive Gegenmacht der gnostischen Welt. Von daher ist es auch nicht verwunderlich, daß eine Abraxasgemme als außerordentliches Schutzzeichen gewertet wurde, das kräftig genug war, diabolische Mächte zu binden beziehungsweise zu neutralisieren. Meist wurde der Name zusammen mit einem menschlichen Mischwesen auf ein Amulett geritzt. Dieses Mischwesen hatte einen Hahnenkopf zum Zeichen der Wachsamkeit und einen männlichen Rumpf, der in der linken Hand die Peitsche der Macht schwang und in der rechten das Schild der Weisheit hielt. Zwei Schlangen als Verkörperung des inneren Sinnes und Verstandes trugen anstelle der Beine den Leib. Es genügt aber auch, das abgebildete Abraxas-Signet statt einer Gemme auf reines Papier gezeichnet zu verwenden. Die Wirkung jedenfalls ist um nichts geringer.

Der Abraxas ist ein sehr zaubermächtiges Zeichen, durch das dunkle Kräfte gebunden werden. Insbesondere werden durch ihn schwarzmagische Angriffe neutralisiert. Da er jedoch ein gnostisches Zeichen ist, waltet in ihm eine bipolare Kraft. Deshalb sollten Sie ihn nicht als Amulett verwenden, da Sie sich sonst in diesem Gefüge verfangen könnten. Vielmehr sollten Sie einen Abraxas so einsetzen, daß Sie ihn heimlich bei der Person deponieren, die einen schwarzmagischen Angriff gegen Sie führt. Ist dies allerdings ohne Entdeckung nicht machbar, so sollten Sie ihn mit Milch und Pinsel auf weißes Papier zeichnen. Eingetrocknet, ist das Signet dann so gut wie nicht mehr sichtbar; von seiner Wirkung hat es hingegen nichts eingebüßt. In Form eines Briefes oder Buches, können Sie darauf den Abraxas Ihrem Angreifer überstellen.

Ist auch dies nicht möglich, oder können Sie den eigentlichen Verursacher nicht aufspüren, sollten Sie einen Abraxas am Fußende eines Kruzifixes an dessen Rückseite befestigen. Besser noch ist freilich die Anbringung an einem Ort außerhalb Ihres Hauses, beispielsweise nahe einer Quelle oder an einem → Kreuzweg. Heften Sie dazu den Abraxas an ein von Ihnen getragenes Stück Stoff. So erhalten Sie gewissermaßen einen magischen Absorber. Die auf Sie gerichtete ungute Kraft wird nämlich auf den Stoff gelenkt und im Abraxas geerdet, worauf sie nicht mehr entweichen kann.

Abstreifen

Häufig fühlt man sich nach dem Kontakt mit anderen Menschen beschwert oder gar gefühlsmäßig besudelt. Oder aber man ist mit seinen Gedanken an andere Personen oder ungute Begebenheiten derart beschwert, daß man nicht mehr zu seiner Ausgeglichenheit finden mag. In solchen Fällen gibt es eine Vielzahl von Methoden, wie man das Belastende im wahren Sinne des Wortes von sich abstreifen kann. Nachstehende Varianten gelten dabei als besonders wirksam:

• Abhauchen oder Abblasen ist eine einfache und viel verbreitete Art, sich von unangenehmen Berührungen zu befreien. Hauchen oder blasen Sie über die Stelle Ihres Körpers, an der Sie der unerfreuliche Kontakt traf. Um sich gedanklich von einer unerquicklichen Begegnung zu entlasten, genügt es oft, wenn man in die vor das Gesicht gehaltenen Hände bläst. Abhauchen ist auch bei geschenkten oder erworbenen gebrauchten Gegenständen oft angebracht, um sie von anhaftenden unguten Kräften zu befreien.

• Sich mit einer grünen Rute gleichmäßig über den Körper zu streichen, wurde durch alle Zeiten hindurch praktiziert, um beim Abklingen einer Krankheit seine Gesundung zu fördern. Dieses Vorgehen hilft aber auch, um mentalen Ballast von sich zu streifen.

• Von ähnlicher Art ist das Hindurchzwängen. Am besten zwängt man sich gleich einer sich häutenden Schlange zwischen zwei eng nebeneinander stehenden Bäumen hindurch. Hierbei wischt man nicht nur Belastendes von sich, sondern erfährt zugleich auch geistige Verjüngung.

• Einen klaren Kopf erhält man auch, wenn man beide Handflächen gegeneinander schlägt und wechselseitig zu den Fingern hin abstreift, um so auf sich einwirkende störende Kräfte abzuweisen.

• Bei schwerwiegenderen Fällen, bei denen die vorgenannten einfachen Handlungen nicht greifen, oder in Fällen, bei denen man nicht nur die anhaftenden Kräfte abweisen, sondern auch eine mögliche geistige beziehungsweise energetische Verbindung unterbrechen möchte, empfiehlt es sich, sich mit einem Gegenstand abzureiben, den man anschließend vernichtet. So weiß ich von einer Bekannten, die, wann immer sie sich mit ihrem Ex-Mann trifft, zuvor eine Brotabreibung an Gesicht und Händen durchführt. Nur so kann sie diese für sie unangenehme Begegnung unbeschadet überstehen. Bei einer Brotabreibung streift man mit einer Scheibe Brot über den Körper, vor allem die unbekleideten Körperteile, und verfüttert sie danach an die Vögel.

Einen ähnlichen nur viel nachhaltigeren Effekt erzielt man mit einem Seidentuch, das nach der Abreibung in Öl getränkt und verbrannt werden soll.

Sobald auch sexuelle Energien mit ins Spiel kommen, verspricht ein rohes Hühnerei besondere Wirkung. Zum einen läßt sich durch eine Abstreifung mit ihm der schale seelische Beigeschmack nach einem unerquicklichen sexuellen Kontakt mindern. Zum anderen kann man hierdurch auch, sofern man in einem heimlichen Dreiecksverhältnis steht, die Energien des jeweils anderen Sexualpartners abstreifen. Dadurch vermeidet man, daß der jeweilige Partner intuitiv Verdacht schöpfen kann und hütet sich demzufolge vor unerwünschter Entdeckung. Zu diesem Zweck wird das handwarme Ei an Achseln, Brust und Geschlecht vorbei geführt und anschließend zerschlagen und mit Wasser fortgeschwemmt.

In allen drei Fällen ist es die abschließende Eliminierung der aufnehmenden Gegenstände, die die anhaftenden Kräfte aus der Welt schafft beziehungsweise derart umwandelt, daß sie uns nicht mehr bedrücken können.

Abwehrzeichen

Abwehrzeichen sind spezielle Siegel, Symbole oder Handbewegungen, durch die dunkle Kräfte gebunden beziehungsweise zurückgespiegelt

werden sollen. Sie werden vielfältig eingesetzt von der Dämonenabwehr bis hin zur → Vorbereitung auf ein magisches Ritual. Wobei die
einzelnen Zeichen um eines bestimmten Effektes willen auch jederzeit kombiniert werden können. *(Weitere Abwehrzeichen siehe auch
Albtraum, Amulett, Bildzauber, Hexagramm, magische Kreise und
Quadrate, Pentagramm, Tetragramm und Wortmagie.)*

• Zur spontanen Abwehr bedrohlicher Kräfte im direkten Kontakt zu
Personen und zur Abweisung jäh bedrückender sphärischer Kräfte
eignen sich am ehesten Handzeichen. Einer böswilligen Person wird
vielfach das Zeichen des Gehörnten entgegengehalten, um ihr anzu-
zeigen, daß sie erkannt wurde, und um gleichzeitig ihre schlechten
Energien zu kontern. Dafür sind zwei Gesten weit verbreitet. Entweder werden der üblen Person die vorgestreckten und leicht gekrümm-
ten Zeige- und Mittelfinger vorgehalten, oder die Hand wird zur Faust
geformt und Zeige- und kleiner Finger dem Gegner entgegenge-
streckt. Mit letzterer Geste sollte man jedoch bedacht umgehen, da
sie auch häufig als schwarzmagischer Angriff gewertet wird, zudem
wird sie mancherorts auch als sexuelle Beleidigung aufgefaßt. Die
Effektivität der erstgenannten Geste konnte ich selbst einmal belus-
tigt beobachten, als mit ihr bei einer Streitigkeit ein schmächtiger
Radfahrer einen tobenden bulligen Autofahrer in Schach hielt und in
seinen Wagen zurückzwang.
   Sehr wirkungsvoll und zugleich diskreter, weil verdeckt ausführbar,
ist es auch, die vier Finger einer Hand in schneller Wiederholung vom
quer gehaltenen Daumen wegzuschnellen. Auch diese Geste wird in
Richtung des Angreifers ausgeführt.
   Um eine dämonenhafte sphärische Bedrohung, die man empfin-
det, abzuwehren, hilft ein von einem Kreis umschlossenes Kreuzzeichen. Diese Geste sollte man in alle vier Richtungen des Raumes ausführen.

• Als ein Unheil abwehrendes Zeichen gilt auch das Andreaskreuz,
das schräg gestellte Kreuz, sofern es auf Gegenstände gesetzt wird,
die mit der einem übelwollenden Person in Verbindung stehen.
Ansonsten ist das Andreaskreuz auch ein → Bindezeichen, sofern es
in den Besitz des Gegenübers gebracht werden kann. In dieser Weise

wird es auch im → Liebeszauber der Andreasnacht verwandt, da der heilige Andreas als Schutzpatron der Ehe und der Liebe gilt.

Mächtige Abwehrzeichen sind auch die beiden hier abgebildeten Siegel, die von Faustmanuskripten aus dem 15. Jahrhundert her bekannt sind. Das eckige Zeichen stellt das Schema eines mittelalterlichen Horoskops dar. Durch dieses Zeichen werden die Himmelsmächte vor einem magischen Ritual zum Schutz angerufen. Die Ziffern stehen für die vier Grundfarben, mit denen Sie seine Flächen kolorieren sollten. Von gleicher Kraft und gleichem Zweck ist das einem Bienenkorb ähnliche Siegel, durch das die Macht der Heiligen Jungfrau dem Magus Schutz gewähren soll. Beide Zeichen zusammen ausgeführt, symbolisieren die Verbindung des Männlichen und des Weiblichen und gewährleisten in dieser Kombination eine Aufhebung der bipolaren Kräfte. Die hierauf geweckte magische Energie kann solchermaßen ungeteilt und machtvoll in konzentrierter Form fließen.

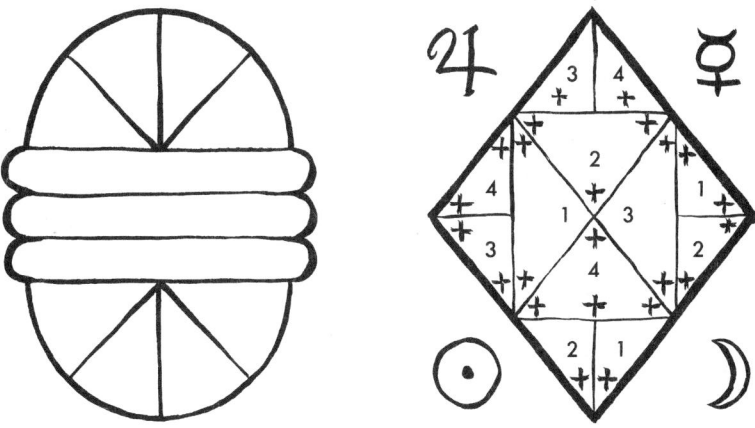

Das auf der nächsten Seite abgebildete Siegel zeigt einen salomonischen Knoten. Solche Knoten werden häufig als Amulette getragen, da sie dem Träger Weisheit und Weitsicht versprechen. Dieser Knoten wird aus drei verschiedenfarbigen und aneinandergehefteten Kordeln aus einem Stück geflochten und schließlich mit seinen

Enden vernäht. Durch dieses Siegel sollen alle dunklen Kräfte abgewiesen werden, die eine weißmagische Handlung beeinflußen könnten. Als Kordelfarben empfiehlt sich: Weiß für Zeitlosigkeit, Blau für Geist und Grün für Stofflichkeit.

Affirmationen

Affirmationen sind Bejahungen, durch die man sich die Kraft zuspricht, ein vorgenommenes Ziel zu erreichen. Sie sind dem weiten Bereich des → Gedankenzaubers zuzuordnen. Die wohl älteste und bekannteste Affirmation ist das das Gebet bekräftigende und beschließende „Amen!". Es bedeutet: „Ja, so geschehe es", und ist eine solch reine Formel, daß sie der lautere Weißmagier nicht zu scheuen braucht. Die Summe des griechischen Buchstabenwertes von Amen beträgt 99. Eine symbolträchtige magische Zahl. Ihre beiden Ziffern zeigen zweimal die zweite Potenz der heiligen Zahl 3. Man erhält sie auch, wenn man 11 mit 9 multipliziert. Dabei steht 11 für das hinter der Sonne liegende nicht sichtbare Tierkreiszeichen und symbolisiert so die zweifache Totalität göttlicher Kraft.

Eine sehr wirksame Methode, sich die Kraft seiner Affirmationen nicht nur in mentaler, sondern auch in energetischer Weise zu erschließen, besteht in einer sogenannten Affirmationsspirale. Dabei faßt man die erwünschten Eigenschaften und Ziele als siebenarmige rechtsdrehende Spirale auf einem Bogen Papier schriftlich zusammen. Dieses Blatt legt man sich dann mit der Schrift nach unten in Höhe des Magens auf sein Sonnengeflecht. Mit von links nach rechts kreisenden Bewegungen der Hand über der Spirale verbinden sich darauf die formulierten Bejahungen strukturell mit unserem Energiekörper; worauf wir den Affirmationen gewissermaßen auch von einer höheren Warte her nachkommen und also Mächtigkeit verleihen. Die erstaunliche Wirkung einer solchen Affirmationsspirale konnte ich übrigens bei einem begnadeten Heiler beobachten, der auch die räumliche Atmosphäre seiner Praxisräume durch die zentrierte Kraft seiner Affirmationen klärte und heilsam auflud.

Alpträume

Im Schlaf sind wir im besonderen Maße ideomagischen und okkulten Einflüssen zugänglich. So nutzen etwa Schwarzmagier die Nachtstunden nicht nur deshalb mit Vorliebe, um sich leichter mit dunklen Kräften zu verbinden, sondern auch, weil es dann erheblich leichter ist, auf eine schlafende Person magisch einzuwirken. Und so ist es keineswegs nur unser Seelenschutt, der uns alpträumen läßt, sondern auch die magisch psychische Zudringlichkeit anderer, die unser Alpdrücken verursacht.

• Um sich aus einem Alptraum zu befreien, gibt es mehrere Möglichkeiten. Ich selbst setzte zum Beispiel das Kreuzzeichen im Schutzkreis (→ Abwehrzeichen) ein, um mich aus Alpträumen spiritistischer Natur zu lösen, die sich mir eine Zeitlang aufdrängten. Freilich muß man dazu bereits aus seinem Traum erwacht sein. Oft quälen uns jedoch Alpträume in einer Schlafphase, in der unsere Muskulatur völlig erschlafft ist und wir uns von daher kaum bewegen können. Hier half ich mir, indem ich die → Daumen in meinen Fäusten verbarg. Dies ist eine uralte uns eingeborene Geste, um unsere Seele zu schützen. Hilfreich ist auch der Versuch, mit seiner Zunge drei Kreuze am Gaumensegel zu zeichnen, oder, sofern man kann, zu flüstern: „Alp geh!".

• Zahlreich sind die Hilfsmittel, die man anbringen kann, um sich vor Alpträumen überhaupt zu schützen. Sie wirken vor allem dann, wenn man eine Phase durchlebt, in der einen Nacht für Nacht der Alp drückt. Ein Stück Koralle, ein Achat, ein Fetzen Wolfsfell oder etwas Pfingstrosensamen unters Kopfkissen gelegt oder am Körper getragen, bringen häufig Erleichterung. Längerfristig bannen auch magische Zeichen den Alp, wobei sie von Mal zu Mal erneuert werden beziehungsweise gegen andere ausgetauscht werden sollten. In einem aufrechten → Pentagramm mit Kreide an den Querbalken der Schlafzimmertür gezeichnet, verfangen sich die schlechten Kräfte ebenso wie in einem aus Palmzweigen geflochten Schrattgatterl (siehe Zeichnung). Auch mit dem Kreidezeichen „E+E" für Enoch (Henoch) und Elias an der Schlafzimmertüre kann man den Alp bannen. Enoch, der Vater des Methusalem, und der Prophet Elias gelten als die beiden einzigen Menschen, die lebend in den Himmel aufgenommen wurden. Sie sollen eines Tages gemeinsam wieder erscheinen, um dem Antichrist entgegenzutreten.

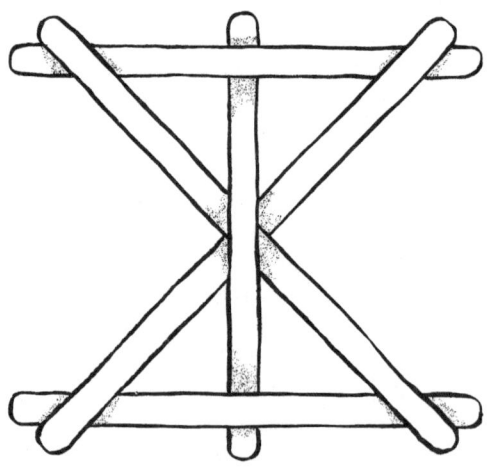

- Ein sehr selten zu erlangendes Mittel gegen den Alp ist der Druden-stein. Eine Drude ist wesenmäßig mit dem Alp gleichzusetzen. Als Drudenstein bezeichnet man Kiesel, in die durch Auswaschungen ein Loch geschwemmt wurde. Sie schützen nicht nur vor dem Alp, son-dern werfen auch den → bösen Blick unmittelbar zurück. Zudem sol-len sie, im Besitz einer Mutter, Kinder vor unguten Energien feien. Falls die Abwehrkraft eines Drudensteines nachläßt, muß er lediglich gewässert werden, um seine Mächtigkeit wieder zu entfalten.

Alraune (Mandragora)

Es gibt nur wenig Pflanzen, um die so viele Legenden gesponnen wur-den wie um die Mandragora oder genauer gesagt um ihre Wurzel, die Alraune. Dies liegt vor allem am Wuchs der Wurzel, in der man auch ohne viel Phantasie leicht ein menschenähnliches Wesen sehen kann. In der Bibel wird die Alraune oft als Liebesapfel umschrieben. Und in der Tat gilt sie als Aphrodisiakum und Halluzinogen und ver-fügt über entsprechend wirksame Inhaltsstoffe. Im Mittelalter wurde die Wurzel als Heil- und Zaubermittel hoch geschätzt. Hildegard von Bingen meinte sogar, daß sie aus derselben Erde wie Adam entstan-den wäre. Diese Wertschätzung machte sich auch in klingender Münze bemerkbar, und da die Mandragora eine seltene mediterrane Pflanze ist, wurden auch entsprechende Fälschungen unters Volk gebracht. Gerne wurde die Wurzel des Allermannsharnisch (Sieg-wurz) als Alraune verkauft und damit auch so mancher Fürst übers Ohr gehauen. So besaß etwa Kaiser Rudolf II. zwei dieserart gefälschte Alraunen. Aber auch gedörrte Frösche wurden als Alraune gehandelt. Heute hingegen ist eine Alraune in jeder gut bestückten Apotheke in Wurzel- oder Pulverform zu haben.

Die weißmagische Schutzwirkung einer Alraune ist in der Tat beachtlich. Nicht zufällig trägt sie auch den Namen Atropa, also Zau-berabwehr. Allerdings sollte man sich die Kraft dieser Wurzel auch durch besondere Pflege erhalten. Die Wurzel sollte dazu von Zeit zu Zeit in warmer Milch gebadet und danach gut abgetrocknet werden. Auch sollte sie einen besonderen Platz, am besten in einem mit Samt ausgeschlagenen Kästchen, haben. So aufbewahrt, beschützt sie das

Haus und seine Bewohner vor Übel. Seinem Besitzer verleiht sie Hellsichtigkeit und wappnet ihn gegenüber jedem Angreifer. Darum sollte man auch das Kästchen von Mal zu Mal öffnen und vor der Alraune eine → Räucherung durchführen. Mit der Alraune sind auch Mittlerkräfte verbunden, die im Einzelfall durch ein Zwiegespräch mit der Wurzel angerufen werden können.

In Pulverform findet sie vor allem in geringer Dosierung Verwendung bei weißmagischen Räucherungen, vor allem beim → Liebeszauber. Hierbei soll der aufgesagte Vers 7, 14 des Hohenliedes die erwünschte Wirkung noch verstärken: „Die Lilien geben den Geruch, und über unsrer Tür sind allerlei edle Früchte. Mein Freund, ich habe dir beide, heurige und vorjährige, behalten."

Ameise

Trifft man an einem → Kreuzweg auf eine Ameise, die etwas trägt, sollte man sie aufnehmen und in eine Kapsel schließen. Diese Kapsel schüttelt man und sagt dabei: „Deine Last auf mich, und meine Last auf dich." Danach öffnet man die Kapsel und läßt die Ameise wieder frei. Hat sie ihre Last in der Tat fallen gelassen, wirkt der Spruch, solange man fortan die kleine Last der Ameise bei sich trägt.

Im übrigen erlangen in einen Ameisenhaufen gelegte Abwehrmittel besondere Kraft. Allerdings sollte darüber die Sonne einmal hinweggegangen sein.

Amulett

Ein Amulett ist ein Abwehr- und Schutzzeichen, das vorwiegend als Umhängsel getragen wird. Wobei die dem Amulett zugewiesene Schutzwirkung im Gegensatz zum → Talisman nicht individuell bestimmt wird, sondern soziokulturell verankert ist. Die Vielzahl möglicher Amulette ist schlechthin unüberschaubar. Das Kreuz Christi wird dabei in unserem Kulturkreis am häufigsten als Schutzsymbol getragen. Aber auch Schmuckanhänger mit Tierkreissymbolen sind nicht gerade selten. Dabei wird überwiegend das Sternzeichen, in dem jemand geboren wurde, als Amulett gewählt, obwohl das Tierkreiszeichen des Aszendenten häufig ein kräftiger Schutz für die jeweilige Person ist. Aber auch jedes andere Tierkreiszeichen kann als Amulett getragen werden, sofern man sich die Eigenschaften dieses Zeichens zur Seite stellen möchte. Wirkungsvoller sind in diesem Sinne jedoch Symbole, die mit den → Planeten in Verbindung stehen. Sehr beliebt ist auch ein Stück Koralle als Amulett, da die Koralle schon von jeher als zaubermächtiges Mittel gegen das Böse gilt. Weitere vielgetragene Schutzzeichen sind magische Augen in den verschiedensten Ausformungen, sei es als Glaskugeln, Schmucksteine oder Perlen. Teile von Tieren, wie Zähne, Klauen oder Fellteile werden ebenso als Amulette getragen wie Pflanzen oder Teile davon; am häufigsten dürfte dabei das vierblättrige Kleeblatt gewählt werden. Daneben kommen schließlich noch die verschiedensten Glückssymbole zur Geltung wie Hufeisen, Ficahände, Marienkäfer, Schlüssel, Anker, Münzen und viele andere mehr. Letztlich seien noch die diversen Schriftamulette erwähnt, auf denen gerne konkrete Segenswünsche festgehalten werden.

Das Amulett wird für gewöhnlich an einer Kette um den Hals getragen. Es ist aber ebenso in der Geldbörse, am Armband, an Fußkettchen, am Gürtel oder Schlüsselbund hängend zu finden. Als bedeutend für seine Schutzwirkung wird vielfach auch die Art und Weise seiner Anbringung erachtet. Häufig wird für das Amulett ein eigenes Band geflochten (→ Nestelknüpfen), um seine magische Wirkung zu verstärken. Rote Bänder gelten dabei als besonders wirksam.

Die Schutzwirkung eines Amuletts ist jedoch nicht unbeschränkt, sondern verliert sich mit der Zeit, sofern seine Kraft nicht aufgefrischt wird. Zu diesem Zweck sollte das Amulett von Zeit zu Zeit geladen werden. Dazu wird es eine Weile unter fließendes Wasser gehalten. Will man sich hingegen ganz besonders seines Schutzes versichern, reibt man das Amulett zwischen den Fingern und berührt es mit seinen Lippen.

Amulette schützen indes nicht nur uns selbst, sondern wir können damit auch Freunde und Haustiere vor Übel bewahren, sobald wir sie ihnen umbinden. Überhaupt ist die Schutzwirkung eines in Liebe geschenkten Amuletts um einiges mächtiger als die eines persönlich erworbenen.

Asche

Asche bindet ungute feinstoffliche Strömungen jeder Art. Deswegen ist Asche ein wirksames Reinigungsmittel. Allgemein geläufig ist solche Reinigung am Aschermittwoch, wenn der Priester den Gläubigen ein Aschekreuz auf die Stirn zeichnet. Wenn Sie selbst das Gefühl haben, daß nach einer Zeit der Belastung eine feinstoffliche Reinigung Ihrer Umgebung angebracht wäre, verbrennen Sie einen Bogen reines Papier. Zuvor empfiehlt es sich, möglichst mit geweihtem Wasser auf den Bogen ein Schutzsiegel, etwa ein → Kreuz oder ein → Hexagramm, zu zeichnen und eintrocknen zu lassen. Die erhaltene Asche streuen Sie schließlich in Ihren Räumen aus und kehren sie anschließend wieder aus. Sie werden danach deutlich empfinden, wie sich daraufhin die Atmosphäre wieder geklärt hat.

Ausspucken

(*siehe auch Bauopfer, Diebsbann*)

Speichel ist mit der Sprachbildung eng verknüpft und gilt von daher als eine seelenmächtige Kraft. Ausspucken kann eine Form des Schutzzaubers als auch magisches Bindemittel sein. So wehrt man sich mit dem Ausstoß „Pfui Teufel!" und dreimaligem Hinterherspukken gegen ungute und niederträchtige Anmutungen. Und damit sich die Kraft eigener böser Worte nicht gegen einen selbst richtet, spuckt man zur Reinigung hinterher. Böse Geister bannt man, indem man in alle vier Himmelsrichtungen spuckt. In gleicher Weise kann man sich auch unheimliche Räume traut machen. Fürchtet man, daß sich ein Gegner zum Zwecke des Schadenszaubers einer abgelegten Sache bemächtigt, so spuckt man dieses Gut an. Spuckt man eine vollendete Arbeit an, so schützt man sie dadurch vor Neidern. Übrigens ein Vorgehen, das mir von mehreren bildenden Künstlern her bekannt ist. Schauspieler hingegen spucken sich einander gerne dreimal andeutungsweise über die Schulter, um Patzer zu vermeiden. Im übrigen ist dies ein uralter Abschiedssegen unter Freunden. Schließlich sei noch der gefundene Glückspfennig erwähnt, den man dreimal anspucken sollte, bevor man ihn einsteckt, damit das Glück auch wirklich an ihm haften bleibt.

Speichel ist auch wundheilend und wird in diesem Zusammenhang auch Bauernpflaster genannt. Aus diesem Verständnis heraus spuckt auch mancher unter einen aufgehobenen Stein, um sich von Krankheit zu befreien. Der Stein wird anschließend an seinen Ort zurückgelegt und soll darauf die ausgespiene Krankheit beschweren. Wer allerdings des öfteren und ohne Notwendigkeit ausspuckt, der schwächt seine Seelenkraft; insofern ist das pubertäre Spucken genau das, als was es erscheint, nämlich ein erkennbarer Mangel an Selbstbewußtsein.

Bäder

(siehe auch Wasser)

Ein Bad dient von altersher nicht nur der körperlichen, sondern auch der seelischen Reinigung. Wir vollziehen sie heute kultisch nur noch in Form der Taufe. Bei den Muslimen und Hindus hingegen sind Waschungen und Reinigungsrituale nach wie vor Hauptbestandteile des Kultes.

In gewissen Abständen ist jedoch auch für uns ein rituelles Bad empfehlenswert. Waschen wir doch damit alle anhaftenden schlechten Kräfte fort und bieten so unserer Seele Gelegenheit, sich nicht nur zu erfrischen, sondern auch zu erneuern. Ohnehin nimmt strenggenommen ein jeder unter uns regelmäßig solche Bäder, nur sind wir uns dessen meist nicht bewußt. Folgerichtig ist dann aber auch die feinstofflich reinigende und ausschwemmende Wirkung nicht so intensiv wie sie an sich sein könnte. Es ist eben ein Unterschied, ob wir nach einem belastenden Tag, während dem wir mit vielen Menschen Kontakt hatten und unsere Seele wie unser Astralkörper sich durch deren Ausstrahlung verschattete, oberflächlich gesehen einfach nur zur Entspannung in die Wanne steigen, oder ob wir bewußt eine unsere Seele reinigende und erfrischende Badezeremonie über uns ergehen lassen, durch die wir schließlich wieder zu uns selber finden und unsere Integrität wieder erlangen.

Für eine rituelle Reinigung sollten Sie in Ihr handwarmes Bad als einzigen Badezusatz einen Eßlöffel Meersalz geben. Salzwasser bewirkt eine nachhaltige Klärung Ihres Astralkörpers, die alsbald auch von Ihrer Psyche aufgenommen wird. Zünden Sie dazu drei Kerzen an, und stellen Sie sie in die Nähe der Wanne. Die Kerzen dienen zur Ableitung der ausgeschwemmten Schatten. Ein Räucherstäbchen tut zudem sein übriges. Entspannen Sie sich zunächst im warmen Wasser, dann tauchen Sie dreimal hintereinander unter. Zählen Sie dabei jedesmal bis 33, der Zahl der Vollendung. Anschließend steigen Sie aus der Wanne und hüllen sich, ohne sich abzutrocknen, in Ihren Morgenrock. Verweilen Sie so in Ruhe, bis Sie trocken sind. Danach können Sie, sofern Ihnen danach zumute ist, ein normales Reinigungsbad oder eine Dusche nehmen. Hier können Sie dann entsprechend Ihrer Stimmung beliebige Badezusätze verwenden. Nach dem Bad sollten Sie zur Stabilisierung des Geschehens, Ihren Körper mit einer Lotion salben.

Bauopfer

(*siehe auch Diebsbann*)

Durch ein Bauopfer soll das Haus, das wir uns errichten, vor Schaden bewahrt und negative Einflüsse von ihm ferngehalten werden, auf daß es zu einem Hort des Friedens und der Eintracht wird. Früher wurde ein Haus durch ein lebendes Bauopfer gefeit, heute legen wir Grundsteine und überreichen beim Einzug Brot und Salz. In die Grundsteine werden symbolträchtige Gegenstände deponiert, die den im Haus waltenden Geist bedingen sollen. So versenkt, wem beispielsweise mehr an Glück und Wohlstand gelegen ist, mit dem Grundstein Münzen und andere Glückssymbole, hingegen wird, wem Harmonie und Frieden vorrangig sind, sein Haus über Olivenzweig und Räucherwerk bauen lassen. Unabhängig davon sollte man → Salz in die Baugrube streuen, um böse Geister davon abzuhalten, sich an den Bau zu binden. Gerne wird auch unter der Schwelle der Eingangstüre noch ein Bannzeichen vergraben, durch das die magische Kraft böswilliger Besucher gebunden werden soll.

Aber auch ein fertiges Haus kann weiteren Schutz durchaus vertragen. Wer mit offenem Sinn durch die Lande geht, kann sehr deutlich spüren, wie unterschiedlich die Atmosphäre einzelner Häuser ist. Der Brauch, die Hausecken dreimal anzuspucken, ist weit verbreitet. Ich konnte einmal einen Priester dabei beobachten, wie er in dieser Weise seiner Kirche Schutz angedeihen ließ. Und in der Tat war seine Kapelle ein ungewöhnlich stimmungsvoller Ort der Harmonie. Mancherorts schlägt man einen Nagel am 13. September, dem Vorabend des Festes der Kreuzerhöhung, in die Hauswand, um Unheil zu bannen. Ein Brauch, der uns aus dem antiken Rom überliefert wurde.

Berühren

Durch Berühren können wir uns zum einen Kräfte zu eigen machen, und zum anderen unser Energiemuster auf andere übertragen. Bei der Berührung von Personen ist uns diese Wirkweise selbstverständlich, darum suchen wir auch den Körperkontakt mit den einen, während wir mit anderen selbst den Handwechsel zum Gruß vermeiden. Neben diesem unmittelbaren Zauber der Berührung, gibt es auch die indirekte magische Berührung. Hierbei werden Gegenstände angefaßt, um Räume und Personen zu beeinflussen. So weiß ich von einem Vertreter, der, bevor er an einer Türe klopft, über den Türknauf streicht, damit etwas von seinem Wesen den Kunden noch vor ihm selbst erreicht. In ähnlicher Weise können wir uns fremde Räume vertraut machen, indem wir ihre Wände mit der flachen Hand berühren. In gleicher Weise schöpfen wir aber auch Kraft, sobald wir unsere linke Hand auf ein energieträchtiges Symbol, beispielsweise eine Bibel, legen. Auch das Betasten von Bildern Anverwandter zählt hierzu, wobei wir hierbei auch etwas von unserer Kraft auf unseren Nächsten lenken können.

Beschreien (Unken)

Wer kennt sie nicht, die Geste: Jemand spricht seine Befürchtung aus und klopft darauf schnell dreimal auf Holz, damit sie sich nicht erfüllen möge. Die Sorge nämlich, daß das Schlechte, von dem man spricht, eben hierdurch berufen werden könnte, teilen wir fast alle. Also versuchen wir, die Berufung abzuwehren. Neben besagtem Klopfen, setzen wir deshalb auch gerne die Adjektive „unbeschrien" oder „unberufen" vor unsere Rede. Auch durch das Kreuzen von Zeige- und Mittelfinger können wir uns versichern, daß die böse Ahnung, die ein anderer unkend bespricht, uns nicht erfassen kann. Ein anderes bewährtes Mittel, die Macht banger Worte abzuweisen, ist das Wegschweigen. Hierbei ignoriert man die Rede des Unkenden und verweigert konsequent jede Antwort. Wem das jedoch nicht gelingt, der sollte sein → Amulett betasten; wobei in diesem Fall ein dreieckiges Säckchen mit eingenähten jährigen Getreidekörnern am nachhaltigsten ist.

Besprechen

(siehe auch Wortzauber)

Das Besprechen hat den Charakter autosuggestiver Magie, auch wenn es allgemein durch eine andere Person durchgeführt wird. Im wesentlichen sollen Krankheiten durch das Besprechen gelindert werden, wobei meist davon ausgegangen wird, daß ein Dämon für das Leiden verantwortlich zu machen ist. In einem Ritual spricht der Besprecher diesen Dämon an und versucht, ihn zu bannen. Eine Variante des Besprechens wird auch durch die Zunft der Wahrsager durchgeführt, indem schicksalsträchtige Momente aufgezeigt und positive Einwirkungsmöglichkeiten durch Ansprache geweckt und entsprechend gelenkt werden. Das magische Besprechen im herkömmlichen Sinn wird heute nur noch selten ausgeübt. An seine Stelle sind Einzel- und Gruppentherapien getreten, bei denen unter Anleitung autosuggestive Praktiken eingeübt werden.

Bildzauber (Fetisch)

Die urmächtige Kraft des Bildzaubers erfuhr ich erstmals als Kind, als mein Bruder eine kleine Tonfigur zum Schutz seiner Spielsachen in sein Regal stellte. Diesen Bann erlebte ich so unmittelbar, daß ich es in der Tat nicht wagte, seinen Krimskrams anzutasten. Das magische Geschehen, das hierbei wirkte, wiederholt sich im Prinzip bei jedem Bildzauber. In das Bild, sei es ein Foto, eine Figur oder eine Szene, wird die magische Kraft projiziert, worauf sie sich mit ihm verbindet und hierauf die gewollte Atmosphäre bewirkt. Bei Kirchengemälden und biblischen Darstellungen können wir diesem Zauber beziehungsweise dieser Beseelung in heilsamer Weise nachspüren.

Zum Bildzauber zählt auch die Imagination. Hierzu entwickeln Sie während eines magischen Rituals ein lebhaftes Bild, durch das Sie sich die gewünschte Gegebenheit vor Ihr geistiges Auge führen. Diese Einbildung gilt es darauf, im magischen Sinne auszubilden. Dies können Sie einmal auf dem Wege der Projektion leisten, doch viel wirkungsvoller ist es, wenn Sie dieses Bild im Zuge des Rituals mit kräftigen Strichen auf Papier skizzieren. In dieser Weise tritt nämlich Ihr magischer Wille in dynamischer Weise ans Licht der Welt und verfestigt sich in ihr. Ein Vorgang, der uns übrigens aus der psychologischen Praxis in Form des therapeutischen Malens bekannt ist. In ähnlicher Weise können Sie sich auch einen Schutzschirm verleihen, indem Sie Ihre Seelenkraft in Ihr eigenes Bild hineindenken. Hierdurch feien Sie sich in zweifacher Weise vor schlechten Energien, nämlich einmal über Ihre Person und zum zweiten über das magische Bild von ihr. Damit Sie in der Folge ernstlich getroffen werden könnten, müßten beide Bannkreise durchbrochen werden. Im *Bildnis des Dorian Gray* beschrieb Oskar Wilde diese Wechselwirkung, allerdings in ihrer negativen Ausformung.

Eine andere Form des Bildzaubers besteht in der Übertragung der magischen Kraft auf eine → Puppe (→ Alraune). Es dürfte sich hierbei um die älteste Form des Bildzaubers handeln. Bei der Labartubeschwörung, einem babylonischen Gesundzauber, wurde die auf Menschenblut erpichte Göttin Labartu aus dem Körper des Kranken in das Bild einer Terrakottafigur gebannt. Diese Figur wurde dann bekleidet und genährt. Anschließend wurde sie „getötet", indem man sie vergrub, verbrannte oder einem Fluß übergab. In verwandter Absicht können Sie den schlechten Geist, der Sie bedrängt, auf eine Wachsfigur übertragen. Ebenso können Sie sich in magischer Weise stärken, indem Sie positive Kräfte auf eine Wachsfigur lenken. Für solches Vorgehen bietet sich Wachs (→ Kerzen) geradezu an, da es als Mittlerstoff zwischen Mensch und Göttern gilt.

Dem Sinne nach ist auch der Fetischkult dem Bildzauber zuzurechnen. Grundsätzlich muß jedoch ein Fetisch nicht vordergründig bildhaft sein. Es genügt, daß ihm sinnbildliche Kräfte zugewiesen werden. Im allgemeinen handelt es sich jedoch beim Fetisch um einen gefertigten Gegenstand, dem Zauberkraft zukommt, welche dem Besitzer des Fetisch dienlich sein soll. Der Fetisch verfügt daher nicht über eine ihm eigene innewohnende Kraft, sondern über eine vom Besitzer geweckte, ihm übertragene und von seinem Willen gelenkte Macht. Häufig erlangt beispielsweise das erste selbstverdiente Geldstück für einen Geschäftsinhaber Fetischcharakter. Letztlich zeigt auch der Umgang mit dem Fetisch deutlich, daß in ihm nur eine projizierte Kraft waltet. Wird er doch nur so lange gepflegt und bewahrt, als er auch für seinen Besitzer wirkt, sobald aber sein kraftbringender Quell versagt, wird er verworfen.

Bindezeichen

Bindezeichen, wie etwa ein → Pentagramm oder ein Andreaskreuz (→ Abwehrzeichen), sind Symbole, durch die dunkle beziehungsweise dämonische Kräfte an das Zeichen gebunden werden sollen. Solche Bindezeichen können sowohl kurzfristig als auch langfristig wirken.

Wollen Sie etwa eine virulente Kraft binden und zerstören, so zeichnen Sie ein Bindezeichen auf weißes Papier und notieren zugleich den Quell der Kraft hinzu. Lesen Sie darauf den → Psalm 23 und verbrennen Sie danach den Zettel. Seine Asche spülen Sie in fließendem Wasser fort.

Für den längerfristigen und meist allgemeinen Schutz zeichnen Sie das Bindezeichen mit → Kreide an eine Wand oder Türe. Wollen Sie es erneuern, oder benötigen Sie es nicht mehr, dann waschen Sie es mit frischem Wasser fort. Bindezeichen sollten mindestens alljährlich erneuert werden, wobei es für solche Zeremonien übers Jahr verteilt besonders → günstige Tage gibt.

Bleigießen (Wachsgießen)

Das Bleigießen ist allgemein als mantische Silvesterunterhaltung bekannt. Doch wird hierauf auch zu magischen Zwecken zurückgegriffen. Insbesondere dann, wenn Sie einen magischen Angriff vermuten, können Sie durch Bleigießen der auslösenden Person nachspüren. Dazu sprechen Sie, während Sie das Metall erwärmen, die Sie bedrückende Stimmung an und fragen in dem Augenblick, in dem Sie das erhitzte Blei ins Wasser gießen, nach dem Verursacher. In dem erstarrten Bleistück werden Sie darauf die verantwortliche Person erkennen.

Außerdem kann Ihnen das Bleigießen auch bei der Entwicklung einer Strategie gegen magische Angriffe nützlich sein. Hierzu ritzen Sie das abzuwehrende Moment in das Bleistück. Nach dem Gießen können Sie in dem Bild der Bleifigur eine gleichnishafte Lösung für Ihr Problem entdecken.

Statt Blei kann man auch Bienenwachs zum Gießen verwenden. Hierbei bildet sich nach dem Gießen ein feiner Wachsfilm auf der Wasseroberfläche. Der noch warme Wachsfilm muß darauf sofort mit einem Hölzchen ins Wasser gerührt werden, worauf er augenblicklich figurenhaft erstarrt.

Böser Blick

Niemand läßt sich gerne längere Zeit fixieren, und manchen Blicken möchten wir am liebsten ganz ausweichen. In einem Experiment, in dem Kandidaten getestet wurden, die von sich behaupteten, über einen magischen Blick zu verfügen, mußten die Probanden durch einen Mauerspalt aus einem Versteck heraus Wachsoldaten auf den Rücken schauen. Und in der Tat drehten sich die so fixierten Soldaten mehrheitlich nach einer Weile um und richteten ihren Blick suchend auf das von außen nicht erkennbare Versteck hinter der Mauer. Doch weniger solch bohrender, in unsere feinstoffliche Sphäre eindringender Blick wird als böser Blick aufgefaßt, sondern überwiegend der neidische, herabsetzende und verachtende Blick.

Durch solche Blicke streift uns ein Strom destruktiver Kraft, der uns sehr tief erschüttern kann und der in unserer Aura sichtbar nachwirkt. Gegen den bösen Blick gibt es eine Vielzahl von → Amuletten. Sehr wirkungsvoll sind Glasaugen als Anhänger, Perlen oder Kugeln aus Onyx, Achat, Malachit oder Sardonyx (→ magische Steine). Auch das Vorhalten der Faust mit gestrecktem Zeige- und kleinem Finger behütet uns davor, daß sich der schlechte Geist über den bösen Blick uns anhaftet. Gleiches bewirken spiegelnde Pailletten an der Kleidung, die den bösen Blick zurückwerfen.

Daumen

In der Handlesekunst wird der Daumen als Ausdruck der Willens- und Daseinskraft betrachtet. Er gilt von daher gemeinhin als sehr zauberkräftig, weil sich durch ihn am deutlichsten unsere Seelenenergie mitteilt. Darum sollen niedergeschriebene → Zaubersprüche auch mit dem Daumen besiegelt werden, und deshalb drücken wir auch um des guten Gelingens willen unsere Daumen. Falls es Sie einmal vor dem Unheimlichen schauert, fassen Sie Ihre Daumen mit der jeweils anderen Faust und sprechen Sie: „Ihr und ich sind drei". Sie werden sich dann alsbald wohler fühlen. Dieses Vorgehen stärkt Sie auch, wenn Sie sich auf ein magisches Ritual vorbereiten.

Diebsbann

Mit Magie läßt sich durchaus ein Schutzschirm für sein Hab und Gut aufbauen. Dabei vertraut so mancher auf diesen Schutz mehr als auf eine Alarmanlage. So ist mir ein Bauer bekannt, der für sein Haus keinen Schlüssel hat, dafür spuckt er in Verbindung mit einem → Abwehrzeichen jeden Abend nach einem Rundgang um sein Gehöft neben die Frontseiten des Hauses. Häufig werden auch Zeichen am Türstock zum Zwecke des Diebsbanns angebracht. Beliebt ist neben der Cabame, dem Kreidezeichen für die Heiligen Drei Könige „C+M+B", auch die Satorformel (→ magische Quadrate). Andere wiederum zeichnen am Heiligen Abend drei Kreidekreuze ans Gebälk ihres Speichers. Ein Halbkreis mit einem kleineren Kreis darin als Augensymbol und Wächterzeichen vor der Haustüre in den Boden gezogen oder an der Hauswand angebracht, soll ebenso Übelwollende abhalten wie ein Stück Holzkohle vom Osterfeuer, wobei letzteres auch schlechte Dämonen scheuen. Schließlich seien noch die glitzernden Gartenkugeln aus Glas erwähnt, die an Stöcken zwischen die Blumen gesteckt werden. Heute werden sie zwar in erster Linie als Zierrat gekauft, neben diesem vordergründigen Nutzen ist es allerdings ihr herkömmlicher Zweck, durch die Spiegelungen Kobolde zu täuschen und negative Schwingungen vom Haus abzulenken.

Diebssegen werden Sprüche genannt, die man bei sich trägt, um Schaden von seinem beweglichen Gut abzuhalten. Gleichfalls soll durch einen solchen Diebssegen ein Dieb zur Rückgabe gestohlener Dinge gezwungen werden beziehungsweise ihm der Nutzen am Gut verleidet werden. So trägt mancher einen Zettel mit der Aufschrift bei sich „Abraham hat's gebunden; Isaak hat's erlöst; Jakob hat's heimgeführt", oder er spricht einem Dieb in Anlehnung an → Psalm 35,6 hinterher: „Dein Weg soll finster und schlüpfrig werden, und der Engel des Herrn verfolge dich." Ich selbst trage übrigens ein gelbes Stück Seide in meiner Börse, um mich vor finanziellem Schaden zu feien.

Dreieck

Im Dreieck, zumal im gleichschenkeligen Dreieck, wird neben der Signatur des männlichen Prinzips vor allem die dreifaltige Gottheit gesehen. Dazu muß das Dreieck allerdings mit seiner Spitze nach oben weisen. In dieser Form ist es auch ein uraltes Abwehrzeichen, das negative Energien gebündelt auf ihren Verursacher zurücklenkt. Blaue Dreiecke sind hierbei besonders wirksam.

Von der Wirksamkeit eines solch blauen Dreieckes, konnte ich mich unlängst einmal wieder selbst überzeugen. Ein esoterisch bewanderter Anverwandter hielt es nämlich für angebracht, mich ideomagisch zu verfolgen. Jede Nacht um zwei und jeden Morgen Punkt neun Uhr machte er sich in meinen Träumen beziehungsweise in meinem Kopf breit. Da ich von solch unerbetener Kontaktaufnahme überhaupt nichts halte, faltete ich ein blaues Seidentuch zu

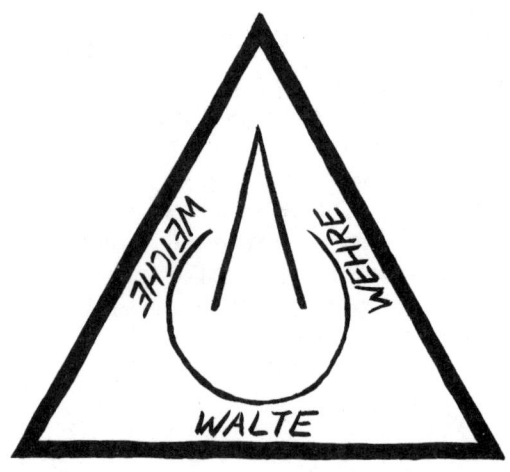

einem Dreieck und hing es über mein Bett. Von diesem Moment an hatte ich auch wieder meinen Frieden. Allerdings erhielt ich bald darauf einen Brief, in dem sich Besagter beklagte, daß er den Kontakt zu mir suche, jedoch nur Kälte spüre und mich nicht erreichen könnte. Ich war zunächst zufrieden, wußte aber zugleich, daß er seine entsprechenden Bemühungen verdoppeln würde. Und richtig, nach einer Weile konnte er den Bann durchbrechen. Also wechselte ich das Tuch gegen ein Dreieck aus blauem Karton aus, das ich zudem wie in der Zeichnung dargestellt markierte. In der folgenden Nacht weckte mich Schlag zwei ein Knacken und Krachen. Es war, als würde ein wildgewordener Kobold an der Zimmerdecke meines Schlafzimmers zwischen den Schränken hin- und hertoben. Schließlich kehrte nach einem letzten Polterer wieder Ruhe ein, und ich blieb von da an von jeglicher Nachstellung verschont.

Erbstücke

Ererbte Gegenstände dienen häufig zur Bekräftigung magischer Handlungen. Hierbei werden die Ahnen mittelbar angerufen, auf daß sie durch ihre geistige Kraft die magische Absicht bestärken. In der weißen Magie werden fast ausnahmslos Erbbibeln eingesetzt. Eine solche Erbbibel kann fürs Ritual genutzt werden, aber auch zur Losung und zur Lesung von → Psalmen Anwendung finden. Bei einer Bibellosung wird versucht, Fragen zu einer besonderen Gegebenheit mittels Deutung von Bibelstellen zu beantworten. Die Bibelstelle wird dabei durch Blättern oder wahlloses Aufschlagen mit geschlossenen Augen ermittelt.

Erzengel

Für das Wirken in der weißen Magie sollten nur die Erzengel als die wahrhaft von Gott gesandten angerufen werden. Es sind vier an der Zahl, nämlich Michael, Gabriel, Uriel und Raphael. In manchen, vor allem gnostischen Texten, werden auch sieben oder neun Erzengel erwähnt. Doch nur die genannten Erzengel mit Ausnahme Uriels sind in der Bibel erwähnt und werden auch als Himmelswächter betrachtet, die vor Gottes Thron stehen; wobei Michael im Osten, Raphael im Westen, Gabriel im Norden und Uriel im Süden steht. In dieser Folge werden ihre Namen auch den Kreuzpunkten eines → magischen Kreises zugeordnet.

• Michael ist der Hüter des Paradieses und als Bezwinger Luzifers der Verteidiger der Kirche. Zudem gilt er als Schutzpatron der Deutschen, daher auch der deutsche Michel. Sein Name bedeutet soviel wie „Wer ist wie Gott?".

• Gabriel bedeutet soviel wie „starker Gott" beziehungsweise „Gott hat sich stark gezeigt". Er ist der Bote Gottes und der Verkünder göttlicher Ratschlüsse. Als solcher hat er zum Beispiel Mohammed die göttliche Offenbarung überbracht.

• Raphael hat den Tobias auf seiner gefährlichen Reise begleitet und ihm geraten, wie er die Blindheit seines Vater heilen kann. Von daher wird er als mächtig über die Geister der Menschen und ihre Krankheiten erachtet. Sein Name bedeutet „Gott hat geheilt". Michael, Gabriel und Raphael werden gemeinsam an Michaeli, dem 29. September, verehrt.

• Uriel bedeutet „Licht Gottes". Sein Name wird als Engelsname in der Bibel nicht angeführt, jedoch gilt er in der jüdischen Tradition seit altersher als einer der vier höchsten Engel. Er ist der Herr über den Ort der Abgeschiedenen. Als solcher wird er am jüngsten Tag die Tore der Unterwelt öffnen und die Seelen vor Gottes Thron führen.

Farben

Farben können für den Erfolg einer magischen Handlung sehr förderlich sein. Egal ob damit ein → Zauberspruch geschrieben, ein Siegel gezeichnet oder nach ihnen ein Amulett oder kultisches Tuch ausgewählt wird. Nachstehend die magische Wirkung und Bedeutung der Grundfarben:

• **Weiß** ist die Farbe des Lichts. Sie symbolisiert Reinheit und Vollkommenheit. Und da sie in dieser Weise dem Absoluten nahesteht, ist Weiß die Farbe der Engel ebenso wie die Farbe der Geburt, der Hochzeit und der Trauer. Weiß trägt der Kandidat bei seiner Initiation. Weiß ist daher auch die Farbe der Unschuld und Unverletzlichkeit und somit Sinnbild für die Teilhabe an der göttlichen Kraft. Weiße Kleidung schützt daher ihren Träger vor schattenhaften Energien.

• **Schwarz** gilt wie Weiß als Nichtfarbe, da in ihm gleichermaßen alle Farben enthalten sind. Es ist die Farbe der Nacht und der Melancholie. Wer sich schwarz kleidet, möchte sich entweder verschatten und in sich zurückziehen oder furchterregend und mächtig wirken. In der weißen Magie wird Schwarz verwendet, um Dinge dem Vergessen anheimzugeben.

• **Rot** steht für Feuer und Leben. Es ist die Farbe der Liebe, des Blutes und der Leidenschaft. Es gilt vielfach als die schönste der Farben und bildet den Kulminationspunkt der Farbenskala, darum steht sie für das Aktive, das Energische und den Umsturz. Rot ist aufregend, hitzig und belebend. Rot ist die Sonne am größten und prächtigsten, darum ist Rot auch die Farbe der Gesundung und eine starke Schutz- und Abwehrfarbe.

- **Blau** scheint der Himmel und unsere Seele. Blau ist das reine Wasser. Aber auch der Blitz leuchtet blau, darum ist Blau nicht nur Farbe der Treue, sondern auch Feuerfarbe. Blau ist gleichfalls das Band der Harmonie, und blau ist die Blume der ins Unendliche gerichteten Hoffnung. Andererseits ängstigen wir uns vor dem irisierenden Blau der Geister, Elfen und Truden. Und so ist Blau auch die Farbe des Phantastischen. Ebenso ist es aber eine durch und durch geistige Farbe; Krishna hat einen blauen Leib und die Jungfrau Maria trägt einen blauen Mantel, deswegen scheuen diese Farbe die Dämonen und fürchtet sie der Teufel.

- **Grün** ist die Natur und das belebte Wasser. Es ist die Farbe des Lebens, der Gesundheit und der Hoffnung. Grün wirkt beruhigend. Es gilt als Farbe der Propheten und der Weisheit. Grün ist die Farbe, die zwischen Himmel und Erde liegt. Und wenn in südlichen Gefilden die Sonne untergeht, zeigt sich manchmal ein grüner Punkt, darum ist Grün auch die Farbe der Erleuchteten und des spirituellen Erwachens. Grüne Pflanzen im Haus beleben und harmonisieren die Atmosphäre. Grün steht auch für Beharrlichkeit, und so hat Grün in der Magie eine beachtliche Bindekraft.

- **Gelb** ist eine zwiespältige Farbe; sie versinnbildlicht zwar Feuer und Licht, steht aber andererseits auch für Neider und das Materielle. In gelben Gewändern wandelten einst Mönche wie auch Aussätzige. Im Gelb verfangen sich Dämonen, darum ißt man gelbe Speise zur innerlichen Reinigung. Gelber Blütenstaub auf weißem Tuch vermittelt die Kraft der Sonne und wärmt unsere Seele. In kritischen Situationen wirkt Gelb entspannend. In der weißen Magie sollte Gelb, ebenso wie Schwarz, nur sehr bedacht eingesetzt werden.

Fluß

Flußwasser wird seit altersher für Reinigungsrituale genützt. Durch solcherart rituelle Reinigungen vollzieht man auch stets einen Lösungs- und Trennungsprozeß. Dieses Geschehen wird in weißmagischen Ritualen vielmals zum eigentlichen Anliegen des Wirkens; geht es doch hierbei um den Bruch verfänglicher Bande und die entschiedene Abweisung dunkler Kräfte. Wer sich also in magischer Weise bedrängt fühlt, sollte ein fließendes Gewässer aufsuchen und daraus mit einem Glas oder Krug schöpfen. Dazu spricht man: „Fluß, Fluß, leihe mir einen Krug Wasser für den Gast, der bei mir eingetroffen." Hierauf wird der Krug siebenmal rechtsherum ums Haupt geführt und danach das Wasser wieder in den Fluß zurückgegossen. Hierbei spricht man: „Fluß, Fluß, nimm das Wasser, das du mir gegeben, denn der Gast, den ich bekommen, soll mich am selben Tage noch verlassen."

Foto

Auch heute noch lassen sich manche Menschen nur ungern fotografieren, weil sie glauben, daß dadurch ein Teil ihrer Seelenkraft eingefangen wird. Diese Ansicht ist mit den Vorstellungen des → Bildzaubers eng verwoben. Im Abwehrzauber wird das Lichtbild eines unerreichbaren Angreifers oft zum Mittelpunkt des Rituals. Versehen Sie es mit Abwehrzeichen und verbrennen Sie es in einem → magischen Kreis, hierdurch entziehen Sie dem Angreifer die auf Sie gerichtete Energie. Anschließend schwemmen Sie die Asche mit Wasser fort. Durch solches Vorgehen können auch Trennungsprozesse ausgelöst beziehungsweise beschleunigt werden. Sie können die Macht einer anderen Person aber auch dadurch brechen, indem Sie ihr Gesicht aus dem Bild schneiden. Hingegen sollten Sie zur Übertragung positiver Energie das Bild der ausgewählten Person über Ihrem Herzen tragen.

Gans

(*siehe auch Bauopfer*)

Die Gans gilt von jeher als Mittler zwischen Himmel und Erde und ist von daher ein Glückssymbol. Zudem ist sie ein wachsames Tier. Dabei soll sie nicht nur wie seinerzeit auf dem römischen Kapitol vor greifbaren Eindringlingen warnen, sondern auch vor geistigen

Angriffen. In manchen Landstrichen, so zum Beispiel in der Eifel, werden daher irdene Gänse als Hüter vor das Haus gestellt.

Gedankenzauber

Die Ideomagie, die Fähigkeit, sich der Macht seiner Gedanken bewußt zu werden und sie entsprechend lenken zu können, ist eine grundlegende Disziplin der Magie. Sie ist eng verknüpft mit dem → Wort- und Bildzauber. Beim Gedankenzauber sollen durch die Macht der Gedanken Ereignisse beeinflußt und im eigenen Sinne verändert werden, außerdem soll auf andere Personen eingewirkt oder die eigene Befindlichkeit korrigiert werden. In der weißen Magie wird Gedankenzauber namentlich als Heil- oder Bannzauber ausgeübt.

Grundsätzlich ist das eindringliche Denken an ein bestimmtes Geschehen noch keine Ideomagie. Vielmehr sollte der Gedankenfluß soweit reduziert werden, daß er das Geschehen nicht bedenkt, sondern durch eine knappe Gedankenfolge soweit fixiert, daß es förmlich bildhafte Gestalt annimmt. Ist diese Gestalt anfänglich noch ein inneres Erleben unserer Vorstellung, so erhält sie durch weitere isolierte Betrachtung scheinbar so weit Eigenständigkeit, daß sie nicht nur vor unserem geistigen Auge, sondern eidetisch, das heißt wie wirklich vorhanden, in unserem Blick erscheint. In dieser Form nun wird die Vorstellung gedanklich gelenkt. Hierdurch entsteht ein feinstoffliches Muster, dem sich das tatsächliche Geschehen anpaßt. Es ist, als würde sich ein Bach in ein bereits angelegtes Bett ergießen. Doch wie hierfür dem Bach das Wehr geöffnet werden muß, muß gleichermaßen auch im Gedankenzauber ein das Geschehen fördernder Impuls gesetzt werden. Hierzu wird die vollendete eidetische Sicht implosionsartig auf einen gedanklichen Punkt nach innen verlagert und sogleich blitzartig auf das gewählte Ziel gelenkt.

Durch Schulung dieser Fähigkeit ist es möglich, sich fernes Geschehen vor Augen zu führen, sich Menschen über größere Entfernung mitzuteilen und letztlich auch Personen in magischer Weise herbeizurufen, indem man deren feinstoffliche Spiegelung imaginiert. Freilich zählt dies bereits zur hohen Kunst der Magie und setzt neben der Befähigung auch ein entsprechend geistiges Verantwortungsgefühl voraus, andernfalls wird man sich in den Fallstricken seines Tuns zum eigenen Schaden verheddern.

Gesang

Die heilsame Zauberwirkung des Gesangs ist vielfach in unseren Märchen und Sagen beschrieben. Freilich erzählen uns so manche Sagen auch vom bösen Zauber des Gesangs, vornehmlich dem der Elfen. Meint man solches Lied in seinem Ohr zu haben, so stimmt man am besten mißtönend darin ein und bricht dadurch den Zauber. Doch im allgemeinen hat die alte Volksweisheit ihre Gültigkeit, daß das Böse keine Lieder hat. Folglich können wir uns durch ein Lied so weit beschwingen, daß wir uns über dräuende Stimmungen erheben und unser Gemüt erheitern. Insofern ist ein fröhliches Lied zur rechten Zeit der billigste Zauber, um dunkle Kräfte von uns zu weisen.

Glocke

Glockenschall vertreibt die Geister. Durch ihn wird eine Verbindung zwischen Himmel und Erde geknüpft, die es unserer Seele erlaubt, für einen Moment über ihre Begrenzung hinaus zu schwingen. Darum wird so manches magische Ritual durch das Anklingen eines Glöckchens eingeleitet beziehungsweise beendet. Beschwingend und schlechte Energien abwehrend, sind Windspiele aus sieben Glöckchen oder Klangstäben. An der Kleidung, vornehmlich an Kinderkleidung angebracht, schützen Schellen vor dem bösen Blick. Darum, und auch um Übles fernzuhalten, wurden sie gleichermaßen den Narren an den Rock genäht.

Glückwunschkarten

Die Sitte, zu gegebenen Anlässen Glückwunschkarten zu versenden, trägt auch einen zarten Zauber in sich. Es sind die lieben Gedanken, die sich uns auf diese Weise kundtun und unser Gemüt beleben. Wir können diese Wirkung erhalten, wenn wir schriftliche Glückwünsche übers Jahr aufheben. So erhält der Wunsch Bestand und erlangt Erfüllung. Werfen wir hingegen eine solche Karte vorzeitig weg, verwerfen wir damit womöglich ihren Segen.

Günstige Tage

Gezielte weißmagische Handlungen sollten Sie dienstags und freitags unterlassen, sofern diese nicht auf einen der untenstehenden günstigen Tage fallen. Passive Abwehrmaßnahmen, wie die Verwendung von Schutzzeichen oder Räucherungen können Sie jedoch jederzeit durchführen. Als günstigster Wochentag für weißmagische Rituale gilt der Samstag. Die günstigste Tageszeit für ein solches Vorhaben ist die Stunde nach Sonnenaufgang, die Mittagsstunde und die Mitternacht bei klarem Himmel. Außerdem sind die Nächte freundlich, in denen der Saturn am Firmament zu sehen ist, da die bösen Geister diesen Stern scheuen. Des weiteren kommen die Energien der dritten, vierten und achten Nacht des zunehmenden Mondes sowie der Neumondnacht dem weißen Magier besonders gelegen.

Als außergewöhnlich günstige Tage für weißmagische Praktiken werden angesehen:

Karfreitag, Ostern, Himmelfahrt, Pfingsten, Michaeli, Weihnachten und die Quatembertage, als da sind Mittwoch, Freitag und Samstag zu Beginn der Jahreszeiten; nach dem ersten Fastensonntag; nach Pfingsten; nach Kreuzerhöhung 14. Sept. und nach dem dritten Advent.

Außerdem gelten als günstige Tage:

Januar:	6., 9., 11. und 13.	Juli:	1., 10., 19. und 20.
Februar:	2., 5. und 8.	August:	5., 9., 11. und 12.
März:	3., 16., 17. und 18.	September:	17. und 18.
April:	12. und 15.	Oktober:	15., 16., 25. und 31.
Mai:	7., 15. und 17.	Dezember:	6., 7., 11., 13. und 18.
Juni:	7., 15. und 17.		

Heilzauber

Wie einleitend erwähnt, ist der Heilzauber eine problematische und zwiespältige Angelegenheit. Sehr verbreitet ist in diesem Zusammenhang der Sympathiezauber. Hierbei werden Heilmaßnahmen an Gegenständen oder Bildern durchgeführt. Dieses Geschehen soll sich gleichzeitig auf magische Weise auf den Betroffenen übertragen. Wie verheerend solche Praktiken sein können, zeigt das vielzitierte Beispiel einer Bäuerin, welche sich an ihrer Sense schnitt. Anstatt einen Arzt aufzusuchen, salbte sie die Sichel. Wenige Tage später starb sie am Wundstarrkrampf. Dieses Beispiel mag mittlerweile jedem als die pure Unvernunft erscheinen. Gleichwohl vertraut so mancher, der hierüber noch seinen Kopf schüttelt, seine Gesundheit im gleichen Augenblick betrügerischen Heilern mit obskuren Heilmethoden an. So ist beispielsweise ein ähnlicher Sympathiezauber heute häufig zu beobachten: Dabei wird das Lichtbild eines Betroffenen von einem sogenannten Fernheiler zum Gegenstand seiner sympathischen Zuwendung gemacht.

Wenn überhaupt Heilzauberei, dann sollte magische Energie nur unterstützend eingesetzt werden. Dabei sollten wir jedoch den Betroffenen vor allem anderen aus Herzensgüte und guten Gedanken sowie durch unser Gebet heilende Kraft übermitteln.

Hexagramm

Das Hexagramm wird auch Siegel des Salomons genannt; denn dieser aus zwei miteinander verschränkten Dreiecken bestehende sechszackige Stern soll dem biblischen König Salomon durch den → Erzengel Raphael zur Wappnung gesandt worden sein. Mittels der in diesem Siegel gebundenen Kräfte konnte er sich daraufhin aller Dämonen erwehren. König Salomon trug dieses Bannzeichen als Siegelring.

Als Symbol zeigt das Hexagramm klarer, als es etwa das Yin-und-Yang-Zeichen erlaubt, die Verbindung aller Gegensätze zu einem über sich hinausreichenden Ganzen eigener Qualität. Denn anders

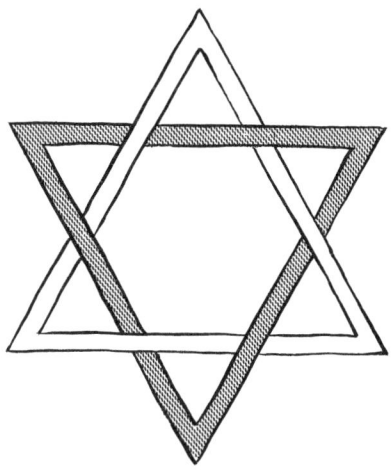

als beim Yin und Yang, bei dem die beiden Hälften eher als sich ineinander fügende, aber dennoch eigenständige Kräfte zu sehen sind, erscheint das Hexagramm als ein ganzheitliches Zeichen, in dem die Gegensätzlichkeit zwar eine gegebene, aber gleichwohl untergeordnete Rolle spielt. Insofern ist es das Symbol weißer Magie schlechthin. Das nach oben gerichtete Dreieck wird als Zeichen des Geistes weiß gezeichnet, während das nach unten gerichtete Dreieck entsprechend seiner materiellen Eigenschaft schwarz gezeichnet wird. In dieser Form symbolisiert das Hexagramm die Durchdringung der geistigen und körperlichen Welt als den belebenden Aspekt eines übergeordneten und tragenden Weltganzen. Im Zentrum dieses sechsstrahligen Sternes ruht die Welt als Schöpfung; die Welt des Schöpfers indes ist der Raum, der diesen Stern trägt.

Auch in der Alchimie wurde das Hexagramm als Signum zur Vereinigung aller Gegensätze betrachtet und die Zeichen der vier Elemente in ihm erkannt, nämlich △ für Feuer, ⌂ für Luft, ▽ für Wasser und ⩩ für Erde.

In der Magie ist das Hexagramm ein Zeichen des Ausgleichs, das der Bekräftigung dienlich ist, indem es die magischen Kräfte vereinigt. Zudem gilt es als wirksames Abwehrzeichen, das von gleicher Mächtigkeit wie ein Schutzkreis ist. So ist mir ein praktizierender weißer Magus bekannt, der seine magischen Rituale auf einem Kelim exerziert, der mit einem gewaltigen blau-weißen Hexagramm geschmückt ist.

Himmelsrichtungen

(*siehe auch Erzengel*)

Neben allen vier Himmelsrichtungen, in die verschiedene → Abwehrzeichen gleichzeitig ausgeführt werden, sind es vor allem zwei Himmelsrichtungen, die für die weiße Magie bedeutend sind, nämlich der Osten und der Westen. Der Osten ist die Himmelsrichtung, aus der die Kraft Gottes waltet, dorthin wendet man sich, um Schutz zu erbitten. Vom Westen her wirken dunkle Kräfte auf uns ein, darum vollführt man Abwehrrituale in diese Richtung. Wer mit offenen Auge unsere alten Kirchen betritt, wird feststellen, daß der Altar mit dem Allerheiligsten stets am östlichen Ende des Kirchenschiffes liegt, während das Hauptportal oft versehen mit Abwehrdämonen gen Westen ausgerichtet ist.

Jesus

Der Name des Göttlichen wird von jeher auch zu magischen Zwecken benutzt. Jedoch gibt es eine große Scheu, den Namen Gottes als solchen zu gebrauchen. Folglich wird der Gottesname wie im → Abraxas oder → Tetragramm umschrieben. Gleiches gilt auch für Christus, die Inkarnation Gottes auf Erden. Seine Mächtigkeit wird deshalb durch seinen Menschennamen „Jesus" angerufen.

Wirksamen Schutz vor brisanten → schwarzmagischen Angriffen erfahren Sie augenblicklich, wenn Sie folgenden Bann aussprechen: „Im Namen Jesu müssen sich beugen alle Knie, die im Himmel, auf Erden und unter der Erden sind. Fliehet daher von hinnen ihr unreinen Geister, denn hier ist Jesus." Auf vier reinweiße Zettel notiert und solchermaßen in alle vier Himmelsrichtungen verteilt, wirkt dieser Bann darüberhinaus lange anhaltend. In gleicher Weise entziehen Sie einem zweifelhaften Ort virulente Kräfte, sobald Sie vier solcher Zettel in allen vier Himmelsrichtungen vergraben. Solches Vorgehen habe ich einem Radiästhesisten empfohlen, der auf einem Grundstück zwar ungute Strahlungen ortete, sie jedoch keinem erklärbaren Phänomen zuweisen konnte. Er schrieb darauf diesen Spruch auf weiße Täfelchen und vergrub sie, worauf sich die diffusen Strahlungen zum Positiven hin klärten.

Kerzen

Kerzen schaffen durch ihr Licht eine anheimelnde Atmosphäre und wirken beruhigend auf unser Gemüt. Selbstverständlich werden für weißmagische Zwecke überwiegend naturfarbene oder weiße Kerzen verwendet. In ihrer Symbolik weisen Kerzen auf die individuelle Seelenkraft des Menschen hin. Ein Grund, warum in magischen Ritualen Kerzen auch bestimmten Personen geweiht beziehungsweise zugeordnet werden. In der weißen Magie sind es dabei einmal die unguten Eigenschaften einer Person, die im Wachsstock fixiert und durch die Flamme verzehrt werden sollen. Hierbei setzen wir auf die reinigende Kraft des Feuers. Ein anderes Mal werden gute Eigenschaften fixiert und einer anderen Person zugedacht. Hierbei tritt das Symbol der Flamme als lösende und übermittelnde Kraft in den Vordergrund. Die brennende Kerze wird so zum sichtbaren Ausdruck der besonderen Verbindung von Geist und Materie.

Die Zahl der für ein Ritual notwendigen Kerzen schwankt zwischen 1, 3, 7 und 9. In jedem Fall sollte es eine ungerade Anzahl sein, wobei der Bezug zur → Zahlenmagie beziehungsweise zur Zahlensymbolik und dem Vorhaben stimmig sein sollte.

Kleiner Finger

In der Handlesekunst wird im kleinen Finger vor allem die seelische Kraft gesehen, was gleichermaßen auch für die Magie zutrifft. Ein → Zauberspruch oder Siegel mit dem mit Tinte benetzten kleinen Finger auf Papier gebracht, wirkt so mächtig als wäre er mit Blut geschrieben.

Manche Menschen haben auch die Eigenart, während eines Gespräches mit ihrem kleinen Finger von Mal zu Mal kurz in die Richtung ihres Gesprächspartners zu weisen. Eine nachhaltige Geste, durch die man sein Gegenüber spielend in seinen Bann ziehen kann. Freilich sollten Sie, sofern Sie diese Geste übernehmen wollen, darauf achten, daß Sie damit sehr sparsam umgehen. Ansonsten könnten Sie eine gegenteilige Reaktion hervorrufen, und Ihr Gegenüber würde von Ihnen abrücken.

Daß man dem Teufel zuerst den kleinen Finger reicht, gilt voll und ganz für die Magie. Reiben Sie daher gelegentlich die Fingerspitzen Ihrer kleinen Finger, um schädliche Einflüsse von sich fernzuhalten. Dies gilt vor allem im Umgang mit unliebsamen Personen. Ein Schutzring auf dem kleinen Finger der linken Hand wirkt gleichermaßen abwehrend.

Kreide

→ Abwehrzeichen und Schutzsiegel werden überwiegend mit geweihter Kreide ausgeführt. Am 5. Januar, dem Vorabend des Heiligedreikönigstags, wird in den katholischen Kirchen Kreide geweiht. Ungeweihte Kreide legt man über einen Tag und eine Nacht in → Salz, so wird sie für magische Zwecke brauchbar. Sollten Sie sich an einen unheimlichen oder schlecht gepolten Ort begeben wollen, so zeichnen Sie sich zuvor ein Kreidekreuz auf Ihre Schuhsohlen. Mich jedenfalls hat diese Manipulation geschützt, als ich mich einmal auf die Fersen eines besonders unangenehmen Klopfgeistes machte.

Kreuz

Die Symbolik des Kreuzes ist vielfältig. In unserer abendländischen Kultur ist das Kreuz ein Heilszeichen. Unabhängig davon gilt es in vielen Kulturen auch als Sonnensymbol. Vielfach wird es auch als Scheidezeichen verstanden, in dem für einen kurzen Moment einander widersprechende Kräfte zum Ausgleich kommen. So symbolisieren die beiden Achsen eines Kreuzes unter anderem Himmel und Erde, das männliche und das weibliche Prinzip, den Jahreslauf mit den Tag- und Nachtgleichen (Querbalken) samt den Sonnenwenden (Längsbalken) wie auch die vier → Himmelsrichtungen.

Nach unserer Vorstellung ist das Kreuz ein allmächtiges Schutzsymbol, da durch dieses Zeichen in bildhafter Weise die Macht Gottes beschworen wird. Wer das Kreuz schlägt oder sich selbst bekreuzigt, will sich daher nicht nur selbst schützen, sondern ruft zugleich auch Gott zum Beistand an. Noch kraftvoller wird das Kreuzzeichen, wenn es von einem Kreis umschlossen wird. Hierbei wird nämlich in symbolischer Weise eine Verbindung zwischen Himmel und Erde geschaffen, die ihrem Sinn nach die Manifestation der Höchsten Einheit schafft. In dieser Einheit wiegen sich Aktivität und Passivität auf und ermöglichen ein unmittelbares Wirken lauterer Kraft.

Im magischen Gebrauch werden häufig schriftlich fixierte magische Formeln und Namen zur Bekräftigung und Wahrung ihrer positiven Kraft von Kreuzzeichen umschlossen. In manchen Fällen, vor allem beim Gottesnamen, werden zudem die einzelnen Buchstaben durch Kreuze getrennt und ein Kreuz über den Namen gesetzt. Unter dem Namen darf hingegen kein Kreuzzeichen stehen.

Kreuzweg

Hekate, die Hüterin der Kreuzwege, ist eine zwiespältige Gestalt im Pantheon der Antike. Einerseits war sie eine Göttin der Unterwelt, andererseits aber auch die Amme aller Jugend und Bringerin der Frucht. Und ebenso zwiespältig wurden auch Kreuzwege aufgefaßt, sah man doch in ihnen zwei sich kurzfristig verbindende widerstreitende Kräfte. Zudem bestand bei ihnen die reale Gefahr, in die Irre geleitet zu werden. Im Mittelalter wurden Hingerichtete und Selbstmörder an Kreuzwegen bestattet. War man doch der Auffassung, hierdurch ihre Seelen zur Unschlüssigkeit und somit zum Verweilen zu verdammen. Solche Wankelmütigkeit wird den in der Magie herbeizitierten Kräften gleichfalls nachgesagt. Aus diesem Grunde werden ungute Geister nach wie vor an Kreuzwegen gebannt beziehungsweise ihre Energien darauf gelenkt. Hierzu muß entweder ein entsprechender Bannbrief oder ein Gegenstand, der mit der unguten

Kraft in Verbindung steht, mit adäquaten → Bindesymbolen versehen, am Kreuzweg deponiert werden. In Bannbriefen, die selbstverständlich handgeschrieben sein müssen, wird die einen bedrückende Kraft angesprochen, ihre Quelle genannt und sie darauf durch → Bindezeichen oder → Zaubersprüche gebannt. Gegenstände, die am Kreuzweg deponiert werden, sollten entweder im Besitz des Angreifers oder mit ihm in direktem Kontakt gewesen sein. Aber auch in ideeller Weise angebundene Gegenstände können die gegnerische Kraft stellvertretend symbolisieren. Fotos, Puppen oder Namenstäfelchen etwa sind in diesem Sinne wirksamer Ersatz.

Wer sich schließlich aus einer anderen Welt etwas zuflüstern lassen möchte, der sollte des Nachts schweigend an einem Kreuzweg verharren und in die Dunkelheit lauschen.

Kristallkugel

Kristallkugeln dienen nicht nur dem Wahrsager. In der weißen Magie werden sie genützt, um die Kraft einer böswilligen Person zu isolieren. Bevor Sie zu diesem Mittel greifen, sollten Sie sich aber vollkommen sicher sein, daß der Sie bedrängende Einfluß auch von der betreffenden Person ausgeht. Alsdann wässern Sie die Kugel eine gute Viertelstunde unter fließendem Wasser. Danach legen Sie sie auf ein weißes Tuch. Setzen Sie sich nun davor, schließen Sie Ihre Augen und denken Sie an die betreffende Person. Sobald Sie ein klares Bild von ihr vor Ihrem geistigen Auge haben, fixieren Sie die Kugel und projizieren dieses Bild in sie hinein. Mit ein wenig Imaginationskraft gelangt man zu einer eidetischen Sicht des Bedachten in der Kugel, wodurch der Zauber besonders kräftig wird. Hiernach setzen Sie die Kugel in einen Krug mit Wasser oder noch besser an geschützter Stelle in fließendes Gewässer. Dort belassen Sie sie, bis wieder Eintracht zwischen Ihnen und der festgehaltenen Person herrscht.

Auf gleiche Weise kann man aber auch seine eigenen unguten Gefühle klären, indem man sie in die Kugel projiziert. Darauf brachte mich eine befreundete Schamanin, der ich von dieser magischen Praktik erzählte. Seitdem wende ich diese Form der Klärung auch gelegentlich selbst an.

Liebeszauber

Beim Liebeszauber geht es vornehmlich darum, das Herz des Geliebten zu gewinnen beziehungsweise die Bindung zwischen zwei Liebenden zu festigen. Dabei kann der Zauber entweder nur von einem Partner oder von beiden gemeinsam durchgeführt werden. Beispielsweise ist der Austausch von Ringen zwischen Liebenden nicht nur vordergründiges Brauchtum, sondern auch eine zutiefst magische Handlung. Dabei sollte sich allerdings die Frau, will sie ihre Eigenständigkeit nicht an den Mann verlieren, den Ring von ihm nur bis zum zweiten Fingerglied aufstecken lassen.

Rot ist die Farbe der Liebe, weswegen vor allem rote Utensilien, wie etwa rote Eier, im Liebeszauber Verwendung finden. So empfiehlt beispielsweise schon Vergil: „Dreimal knüpf die rote Blüte der Amaryllis in Knoten und sprich: Ich knüpfe die Fesseln der Venus." Eine rote Koralle gilt als Symbol der Liebe und soll eine bestehende Beziehung festigen. Rot war ursprünglich auch die glücksbringende und Übel abwehrende Farbe der Braut, deshalb sollte auch die weiße Braut etwas Rotes am Leibe tragen. Wer einen roten Faden spinnt und dabei an seinen Schatz denkt, der bindet ihn an sich, vor allem dann, wenn er zusätzlich Knoten in den Faden knüpft. Und ein rotes Herz hängt man an das Bild oder die Wachspuppe des Geliebten.

Im Liebeszauber trachtet man gleichfalls danach, ein Stück aus dem Besitz des anderen an sich zu bringen. Besonders zauberträchtig sind dabei Haare oder Nägel der zu bezaubernden Person. Diese Objekte werden auf rote Seide gebettet. Darauf wird ein Kreidekreis darum gezeichnet und → zaubermächtige Kräuter dazugelegt. Hierauf soll das Ganze der Sonne ausgesetzt werden. Ebenfalls soll ein in die Sonne ausgelegtes → Atzelmännchen die geliebte Person verzaubern. Ein Geliebter läßt sich auch gewinnen, wenn man einen roten Kreisel dreht und dazu → Zaubersprüche murmelt, bis der Kreisel fällt.

Die Beziehung erhalten sollen auch Dinge, die man sich vom ersten Tag des Kennenlernens zurückbehält. Dies kann zum Beispiel ein Glas, ein Blumenstrauß oder eine Kinokarte sein.

Zum Liebeszauber gehört freilich auch der Trennungszauber. So kann man beispielsweise eine erwünschte emotionale Lösung dadurch einleiten, daß man zwei Wachspüppchen formt und beiden einen Nagel als Zeichen für die erkaltende Liebe durch die Brust stößt. Oder aber man formt ein Püppchen, das für den Partner steht, und legt ihm einen gebrochenen Reif in den Mund.

Magische Kreise

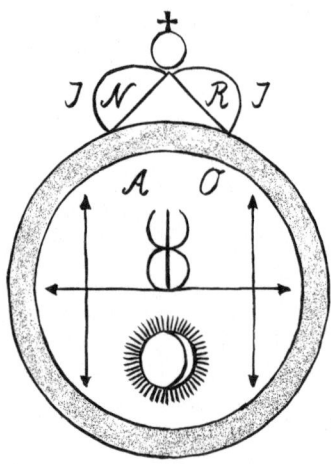

Ein magischer Kreis dient dem Magus entweder zum Einschließen oder Ausschließen dämonischer Kräfte. Beim Einschließen wird ein Kreis um einen negativ behafteten Gegenstand gezogen. Meist handelt es sich um ein Bild, das die Ursache der schädigenden Kraft darstellt. Durch einen solchen Kreis wird die ungute Kraft verdichtet und gebunden; so kann sie festgehalten und manipuliert werden. Ist der magische Kreis auf Papier gezeichnet, kann das Übel auch dem reinigenden Feuer übergeben werden.

Ein magischer Kreis kann durch doppelte Linienführung oder durch Schutz- und Abwehrzeichen verstärkt werden, wobei beim Einschließen die Abwehrsymbole im Kreis stehen, während die Schutzsymbole außerhalb des Kreises gezeichnet werden. Genau anders herum verfährt man beim Ausschließen: Die Abwehrzeichen werden außerhalb und die Schutzzeichen innerhalb des Kreises gesetzt.

Das Ausschließen mittels eines magischen Kreises geschieht hauptsächlich vor der Durchführung eines magischen Rituals. Ein solcher Kreis kann aber auch als genereller Bannkreis um Personen, Gegenstände oder Örtlichkeiten gezogen werden.

Wenn Sie die Absicht haben, einen magischen Kreis bei der Durchführung eines Rituals zu ziehen, sollten Sie allerdings einige Regeln beachten:

Ziehen Sie Ihren Kreis entweder mit einem → Zauberstab oder einem eisernen Gegenstand; Eisen gilt als Symbol der Kraft, Dauer und Unbeugsamkeit und wird von Dämonen gemieden. Vergessen Sie auch nicht, Ihren Schutzkreis mit einer Türe zu versehen, damit Sie unbeschadet ein- und ausgehen können. Eine solche Türe können Sie in Form eines Heilkräutersträußchens bilden, das Sie auf den Kreis legen, oder mit Hilfe eines apotropäischen Zeichens beziehungsweise eines weißmagischen Wortes, das Sie auf die Kreislinie schreiben. Während des Rituals sollten Sie den Kreis nicht verlassen.

In einem magischen Kreis baut sich ein Kraftfeld auf, das Ihnen beim Visualisieren nützlich sein kann. Dabei können Sie Ihre Sicht nach innen wie nach außen und auch in die Zukunft wie in die Vergangenheit hinein lenken. Diese Form der Visualisierung können Sie zudem durch *Zungenreden* wie folgt weiter fördern: Schließen Sie die Augen und beginnen Sie, in Lauten, die Ihnen scheinbar wahllos über die Zunge kommen, zu plappern. Hierdurch fallen Sie in eine sanfte Trance, Ihre Sicht wird prägnanter. Ein wenig Achtsamkeit und Selbsterkenntnis ist hierfür allerdings Vorbedingung. Denn das Geschehen, das Sie damit in sich anstoßen, kann Sie womöglich weiter tragen, als Sie eigentlich beabsichtigten. So erfuhr ich beispielsweise, daß ein ferner Bekannter in einem solchen Kreis Initiationserlebnisse machte, die ihn schwer erschütterten.

Nicht immer muß man einen magischen Kreis auch selbst ziehen. Wer aufmerksam durch die Natur streift, wird von Mal zu Mal auf zaubermächtige Kreise stoßen, die nicht immer die landläufig bekannten Hexenringe aus Pilzen sein müssen. Ebenso wirksam kann eine runde Waldlichtung, ein Steinkreis oder ein auffällig rundes Wiesenstück sein.

Wer häufiger mit einem magischen Kreis experimentieren möchte, der kann sich einen solchen selbst anfertigen. Hierfür wurde übrigens in alten Zauberbüchern vornehmlich Rindsleder empfohlen.

Magische Quadrate

Magische Quadrate sind gemeinhin als Rätselspiele bekannt. In der Magie hingegen werden sie weniger rätselhaft, dafür aber um so mehr als kräftesammelnde und potenzierende Siegel verstanden. Zugleich sind sie Zeichen schöpferischen Gleichklangs zwischen den berufenen Mächten und dem Magier. Dabei handelt es sich grundsätzlich um Wort- beziehungsweise Buchstabenquadrate. Die bekanntesten magischen Quadrate liefern ihren Interpreten allerdings auch mehr Rätsel als Antworten. Zahlenquadrate spielen in der Magie nur eine untergeordnete Rolle. Das magische Quadrat aus Albrecht Dürers Kupferstich „Melancolia I" ist z.B. ein bekanntes Zahlenquadrat. Die Zahlen seiner 16 Felder ergeben orthogonal wie diagonal stets 34 als Summe. Mit einer Seitenzahl von 4 Zahlen gilt es als Planetensiegel des Jupiter, durch dessen Kraft die saturnische Melancholie kompensiert werden soll.

Das bekannteste magische Buchstabenquadrat ist die Satorformel: „SATOR AREPO TENET OPERA ROTAS". Sie läßt sich von allen vier Seiten des Quadrats lesen. Entstanden ist die Formel um die Zeitenwende im Dunstkreis der Stoa. Über den Sinn ihrer Aussage wird nach wie vor gerätselt. „Der Sämann hält den Pflug, der Arbeiter die Räder" oder „Sämann Arepo hält mit Mühe die Räder" lauten die landläufigen Übertragungen aus dem Lateinischen. Indes liefern diese Aussagen keine Erklärung dafür, warum dieses Siegel in der Magie als besonderes Schutzzeichen angesehen wird. Darum wurde es mancherseits als Initiationszeichen gedeutet. Und in der Tat führt ein wissendes Lesen dieser Formel zu einer brauchbaren Aussage. Es ist das Mittelkreuz aus dem Wort TENET (= binden), das einem das Siegel eröffnet. Vom Schnittpunkt des Kreuzes aus lassen sich die beiden Worte RASA (= halten) und PORO (=lösen) lesen. „Binden, halten, lösen" ist nicht nur eine magische Formel, sondern weist darüberhinaus auch auf das Weltenrad und den ewigen Kreislauf des Werdens und Sterbens.

Ein anderes magisches Quadrat, das in der weißen Magie Verwendung findet, wird dem Templerorden zugesprochen. Es läßt sich wie die Satorformel von allen vier Seiten lesen und lautet „SATAN ADAMA TABAT AMADA NATAS". Hier scheint der Sinn offensichtlicher: „An der Härte dieses Schildes soll das Böse abgleiten".

Sie können sich auch für Ihren ganz speziellen Zauber ein magisches Quadrat erstellen, wobei ein der Satorformel entsprechendes Quadrat nur schwerlich zu finden wäre. Deshalb muß ein selbst erstelltes magisches Quadrat auch nicht aus fünfbuchstabigen Wörtern gewählt werden. Ein mir befreundeter Magier setzt zum Beispiel nachstehendes Quadrat als Bekräftigungssiegel unter seine magischen Briefe. In ihm läßt sich das Wort Amen zwölfmal lesen.

A M E N
M A M E
E M A M
N E M A

Magische Steine

Steine, vornehmlich Edelsteine, haben in der Magie von jeher große Bedeutung. Sie werden als Hort mächtiger Kräfte angesehen, und je nach Eigenschaft und Farbe wird ihnen ein unterschiedlicher Charakter zugewiesen. Die Magie, die Steine auf uns ausüben können, mag von ihrer scheinbaren Zeitlosigkeit herrühren, die wir in ihnen erahnen. Steine begleiten uns auch von Anbeginn unserer Menschwerdung, vom Faustkeil zum Feuerstein bis hin zum Stein für Häuser und Altäre, und als Träger urzeitlicher Schöpferkraft und Kristallisationsherde feinstofflicher Kräfte rühren sie uns auch heute noch an. So nehmen etwa viele Menschen von einer Reise auch einen Stein mit, um sich durch ihn etwas von der Aura des fernen Ortes zu erhalten.

Als kultisches Mittel fanden Edelsteine nicht nur wegen ihrer Seltenheit in vielen Religionen Beachtung. Es war sicherlich auch ihre unverkennbare Ausstrahlung, durch die ihnen besonderes Gewicht beigemessen wurde. Dabei gründet ihre Ausstrahlung nicht nur in ihrer optischen Gefälligkeit, sondern auch in der seltsamen seelischen Anmutung, die uns durch ihren Anblick widerfährt. Manch Feinfühliger geht dabei so weit, daß er in ihnen Sinnesorgane höherer geistiger Wesenheiten sieht, die durch die Kristalle die Möglichkeit erlangen, ins Irdische zu blicken. Hildegard von Bingen, die sich auch mit der magischen Kraft der Edelsteine befaßte, meinte, daß der Teufel durch sie gebannt werden könnte, da er ihren Glanz fürchte, der ihn an Gottes Herrlichkeit erinnere. Insgesamt gelten Edelsteine als eine positive Kraftquelle. Seltsamerweise trotz des bemerkenswerten Leids, das durch die Gier nach ihrem Besitz bis heute über Menschen und Völker gekommen ist. Möglicherweise bergen sie in sich fürwahr einen Abglanz göttlicher Herrlichkeit, der alle menschliche Schlechtigkeit überstrahlt.

Von ursprünglicher weißmagischer Bedeutung gelten die Steine Urim und Thummim, von denen das Alte Testament berichtet. Es waren zwölf Gemmen aus zwölf verschiedenen Edelsteinen, die der Hohepriester in Form eines Brustschildes an seiner Robe trug. Dieses Gemmenschild symbolisierte die zwölf Stämme Israels. Der Name des Schildes „Urim und Thummim" läßt sich am ehesten als „die Leuchtenden und die Vollkommenen" interpretieren, und ist wahrscheinlich eine Metapher für den Prozeß der spirituellen Wahrheitsfindung und unverfälschten Urteilskraft, der durch das Amt und die Kulthandlungen des Hohenpriesters verkörpert wurde. Auf die Steine Urim und Thummim dürfte auch die abendländische Tradition der Monatssteine zurückzuführen sein. Als Monatssteine gelten jeweils zwölf verschiedene Edel- beziehungsweise Halbedelsteine, die ihrem Träger besonderen Schutz geben sollen. Da die Monatssteine vielfach auch dem Zodiakus zugeordnet wurden, wird ihre Mächtigkeit oft auch mit dem jeweils geltenden Tierkreiszeichen anstatt mit dem jeweiligen Monat gleichgesetzt. Demnach verleihen Monatssteine ihrem Träger Schutz vom 21. Tag des laufenden Monats bis zum 20. Tag des Folgemonats.

Von welcher Art die Steine Urim und Thummim waren, darüber herrscht Uneinigkeit. Diese Uneinigkeit rührt vor allem daher, daß durch die Zeiten hindurch die Bezeichnungen für verschiedene Edelsteine vieldeutig waren beziehungsweise wechselten. Folglich werden heute mehrere Steine einem Monat zugewiesen. Nach jüngsten Betrachtungen sollen die Gemmen im Brustschild des Hohenpriesters, so wie sie im 2. Buch Mose, Kapitel 28 beschrieben sind, in folgender Dreierreihung von rechts nach links angeordnet gewesen sein: Karneol, Topas und Smaragd; Rubin, Saphir und Onyx; Hyazinth, Achat und Amethyst; Chrysolith, Beryll und Jaspis. Diese Reihung der Gemmen entspricht in ihrer Zuordnung nicht den unten aufgelisteten Monatssteinen. Der Grund hierfür dürfte im Einfluß der Gnostiker auf das magische Denken unserer Zeit zu finden sein, die sich vornehmlich auf die Offenbarung des Johannes stützten und die die Reihung der Steine, auf denen danach der neue Tempel gründen wird, dort dem 21. Kapitel entnahmen. Andererseits entsprechen auch dort die Steine mehrheitlich denen der Urim und Thummim. Deshalb kann man davon ausgehen, daß sie in dieser Reihung ihren Trägern besonderen, weil ursprünglichen Schutz verleihen.

Nachstehend die Monatssteine in der Übersicht mit jeweils einer besonderen Anmerkung zu den Steinen der Urim und Thummim. Um sich die Kraft der Monatssteine zu eigen zu machen, können Sie sie in einem goldenen Armband zusammenfassen oder einzeln in Ringe fassen lassen, die Sie dann im jeweiligen Monat aufstecken. Daß den einzelnen Monaten durchweg verschiedene Steine zugewiesen sind, hat mit unterschiedlichen Ansichten, Traditionen und Überlieferungen zu tun. Zudem mag auch der Anschaffungswert der Steine Einfluß auf die tradierte Auswahl gehabt haben. Freilich sind auch edlere Steine in nicht ganz reiner Form durchaus noch erschwinglich.

Januar Hyazinth, Topas, Granat, Rosenquarz, Bergkristall.

Hyazinth ist ein rotbrauner Zirkon. Er hat insgesamt stärkende Kräfte, die vornehmlich beruhigend wirken und Trübsal vertreiben. Er soll Leber und Nieren stärken.

Februar Amethyst, Chrysopras, Onyx, Saphir.

Amethyst ist ein Quarz von violetter Farbe. Er scheint ein spirituelles Feuer in sich zu bergen, da ihn Priester verschiedener Religionszugehörigkeiten bevorzugt tragen. Folglich sieht man in ihm auch einen Kraftquell für alle geistigen und schöpferischen Anstrengungen. Er soll auf Herz und Nerven stärkend einwirken und Schlaflosigkeit und Kopfschmerz vertreiben.

März Jaspis, Hyazinth, Turmalin, Sardonyx.

Jaspis kommt in vielen Farbtönen vor und ist meist streifig oder gefleckt gemustert. Er wirkt unterstützend in beruflichen und geschäftlichen Belangen und gilt als Stein erfüllter Hoffnungen. Lange Zeit galt er als blutstillender Wundstein und ist heilsam bei Blasenleiden.

April Saphir, Amethyst, Diamant, Bergkristall, Karneol.

Saphir ist überwiegend als blauer Edelstein bekannt, er kommt aber auch in anderen Farben vor. In ihm soll ein Stück des Himmels eingeschlossen sein. Und so ist er ein Stein des Glaubens und des Seelenfriedens. Seine Kraft unterstützt uns im Bemühen um Selbstverwirklichung. Seine Heilwirkung soll sich auf Herz und Atemwege günstig auswirken.

Mai Achat, Jaspis, Smaragd, Chrysopras, Topas.

Achat ist ein vielfarbig gemusterter Stein. Er soll die Urteilskraft stärken und die Tugendhaftigkeit unterstützen. Im Liebeszauber soll er betörend auf Frauen wirken. Man sagt ihm fiebersenkende Wirkung nach und Heilkraft bei Hautleiden und Kopfschmerz.

Juni Smaragd, Saphir, Achat, Mondstein, Perle, Chalcedon.

Smaragd ist von grüner Farbe in verschiedenen Schattierungen, die auch seinen Wert ausmachen. Er gilt als ein königlicher Stein. Folglich wird ihm auch die Kraft der Beständigkeit und Durchsetzungsgabe zugewiesen. Im Liebeszauber wird er als Bindemittel betrachtet, da er auch für Harmonie und Herzlichkeit steht. Seine Heilkraft soll vor allem bei Augenleiden und fiebrigen Infektionen zur Geltung kommen.

Juli Onyx, Smaragd, Rubin, Karneol, Jaspis

Onyx ist ein schwarzer Quarz. In der Magie wird er gerne als Gemme mit eingraviertem Zauberzeichen verwendet. Er stärkt die Zauberkraft seines Trägers und soll ihm irdisches Glück verleihen. Gedankentiefe und Charakterfestigkeit werden durch seine Kraft gleichfalls gefördert. Als Heilstein soll er vornehmlich gegen Kreislaufbeschwerden wirken.

August Karneol, Sarder, Calcit, Onyx, Sardonyx, Smaragd.

Karneol ist ein Stein von braunroter Farbe. Er verleiht seinem Träger Wehrhaftigkeit und Durchsetzungskraft. Zudem gilt er als Stein der Erneuerung und Belebung. In der Edelsteintherapie wird er als Mittel gegen Gliederschmerzen, Rheumatismus und Bluthochdruck empfohlen. Außerdem soll er einen guten Schlaf bewirken.

September Chrysolith, Karneol, Peridot, Beryll.

Chrysolith ist gleichzusetzen mit dem Olivin, einem klaren Stein von grüner Färbung. In der Magie gilt er als Stein vollkommener Weisheit, was freilich nicht mit dem Stein der Weisen verwechselt werden darf.

Letzterer galt in der Alchemie als ein Produkt aus der Ursubstanz, mit dessen Hilfe man glaubte, Metalle umwandeln zu können. Neben Weisheit stützt der Chrysolith auch die Zuversicht. Als Heilstein soll er beruhigend wirken, die Sehkraft stärken und Traurigkeit vertreiben. **Oktober** Beryll, Sardonyx, Opal, Aquamarin, Amethyst.

Beryll ist ein meergrüner Kristall, der aber auch in goldgelber Färbung beziehungsweis farblos zu haben ist. Er gilt als ein Stein der Wahrheit, darum wird er auch als Warner vor jeglicher Unbill erachtet. Seine Kraft unterstützt folglich auch die Gesichte des Hellsichtigen. Im Liebeszauber gilt er als Erhitzungsmittel für lau gewordene Beziehungen. Seine Heilkraft soll Augenkranken und Leberleidenden zugute kommen. Zudem soll seine Energie aufbauend auf den Gesundenden und Erschöpften wirken.

November Topas, Chrysolith, Tigerauge, Hyazinth.

Topas kommt in verschiedenen Färbungen vor. Er ist der Stein der Zufriedenheit, da durch seine Kraft die guten Eigenschaften im Menschen gehoben werden. Seine Heilwirkung soll Herzkranke begünstigen und ganz allgemein die Feinfühligkeit erhöhen. Von daher wirkt er auch im Liebeszauber als Kuppelmittel.

Dezember Rubin, Chrysopras, Aquamarin, Türkis, Zirkon.

Rubin ist ein roter Kristall. Er ist ein königlicher Stein. In ihm soll ein Urfunken der Schöpfung erhalten sein. Er macht seinen Träger glücklich und bewahrt ihn vor Unheil. Hellsichtige finden durch ihn Unterstützung. Als Heilstein soll er die Liebeskraft stärken, Augenleiden lindern und Genesende kräftigen.

Masken

Persona war einst in der Antike der Begriff für Maske. Und durch das Vorhalten einer Maske, sei es tatsächlich oder imaginär, können wir uns in eine andere Person verwandeln. Insofern gewährt uns eine Maske auch einen gewissen Schutz, da wir unsere Seele hinter ihr verbergen können. Das Tragen einer Kopfbedeckung sowie Gesichtsmaske ist bei magischen Ritualen, bei denen Mittlerkräfte angerufen werden oder mächtige Dämonen gebannt werden sollen, daher vorgeschrieben. Anders bei Schreckmasken, hier bilden wir gewissermaßen das Fürchterliche nach, um es durch seine eigene Kraft zu schrecken und zu bannen. In einem Fall habe ich einer älteren Frau, die mich aufsuchte, weil sie von seltsamen Ängsten gequält wurde, deren Ursache sie nicht in sich selbst orten konnte, mit Erfolg empfohlen, ihren Ängsten in Form einer Schreckmaske selbst Gestalt zu geben. Aber auch kunsthandwerklich gefertigte Masken und Schreckfiguren verfehlen ihre Wirkung nicht; allerdings finden sie überwiegend als vorbeugende Abwehrmaßnahmen Verwendung, wozu sie etwa in einem Hausgang oder am Innenspiegel eines Autos aufgehängt werden.

Mundöffnung

„Von dieser Stunde an sollst du zu Ea, deinem Vater, gehn. Dein Herz sei fröhlich, dein Sein sei freudig, Ea, dein Vater, sei angesichts deiner voll Jauchzens." Zu diesem Gebet öffnete man im alten Babylon Kranken den Mund, auf daß ihre Krankheit entfleuche. Im alten Ägypten öffnete man den Mumien in einem Ritual den Mund, damit ihre Seele zu den Göttern sprechen könne. Das nachstehend angebotene Ritual dient dazu, den eigenen Geist zu klären. Schließlich besteht auch in der weißen Magie die Gefahr, daß sich dunkle Schatten mit dem Geist des Magus verbinden. Vor allem dann, wenn er sich wiederholt mit schwarzmagischen Kräften auseinandersetzt, kann es zu ungewollten Bindungen auf Grund von Polarisationen kommen.

Um sich hierauf zu klären, legen Sie den Kopf weit in den Nacken und öffnen Ihren Mund. Alsdann stimmen Sie einen tiefen Kehllaut an und lassen ihn so lange schwingen, bis sie wieder Atem schöpfen müssen. Danach halten Sie Ihren Kopf wieder aufrecht und stimmen mit offenem Mund einen feinen hohen Ton an; so hoch wie Sie nur können. Auch diesen Ton halten Sie so lange, bis Sie wieder Luft holen müssen. Diese Übung wiederholen Sie einige Male hintereinander, bis Sie sich erfrischt und befreit fühlen.

Nestelknüpfen (Knotenzauber)

Knoten werden in der weißen Magie zum Binden schlechter Energien oder zum Trennen von Verbindungen geknüpft.

- Um einer sich anbahnenden unangenehmen Entwicklung die Kraft zu nehmen, sollten Sie einen Knoten in eine weiße Schnur schlagen und ihn darauf über der mittleren von drei Kerzen ansengen. Darauf knüpfen Sie über diesen Knoten noch einmal drei weitere.

- Wollen Sie sich hingegen von einer Person, an die Sie sich gefühlsmäßig immer noch gebunden fühlen, endgültig trennen, knüpfen Sie mehrere Knoten in eine rote Schnur und schlingen sie schließlich um einen Baum. Dieses Ritual findet vor allem im → Liebeszauber Verwendung.

- Eine geknotete Schnur aus den Farben Weiß und Blau, um den Bauch oder ans linke Handgelenk gebunden, kann Sie vor psychischer Verschmutzung schützen und Ihre Aura stabilisieren.

Niesen

Niesen ist nicht immer nur die hörbare Auswirkung eines Schnupfens, sondern kann auch physischer Ausdruck heimlicher und unheimlicher Gedanken sein. Nicht umsonst waren die Menschen früher der Ansicht, daß einem zum Niesen ein böser Geist die Nase kitzele oder der Teufel an einen denke. Und so wünschte man dem Niesenden ein „Helf Gott!"; ein Brauch, den wir auch heute noch fortführen. Niesen aus heiterem Himmel heraus, sollte uns also nachdenken lassen, ob nicht jemand Übles gegen uns im Schilde führt.

Pentagramm (Drudenfuß)

Ein Pentagramm ist ein gleichmäßiger fünfzackiger Stern, der in einem Zug gezeichnet werden kann. Viele erachten das Pentagramm grundsätzlich als ein diabolisches Symbol. Dem ist jedoch nicht so.

Lediglich das auf einer Spitze stehende Pentagramm gilt als Siegel schwarzmagischer Macht. Wird ein Pentagramm indes mit zwei Spitzen nach unten gezeichnet, so steht es für die lichten Kräfte. Als Fünfzack symbolisiert es unter anderem die fünf Wunden Christi, und in seiner verschlungenen Form wird es als Sinnbild für Alpha und Omega, das Christusmonogramm, angesehen. Da sich in die mittlere Fläche eines Pentagramms wiederum ein auf den Kopf stehender Fünfzack fügt, und diese Schachtelung sich im Prinzip endlos fortdenken ließe, sieht man in ihm gelegentlich auch eine dem Yin und Yang ähnliche Qualität, nämlich zweier sich gegenseitig bedingender Kräfte, deren Harmonie die Welt im Gleichgewicht hält. Freilich ist auch dies eine etwas verkürzte Sicht- beziehungsweise Interpretationsweise. Wenn überhaupt, dann wird die negative Macht durch das aufrechte Pentagramm gebunden. Da sie jedoch als solche, das heißt als eingebundener Stern, nicht gezeichnet wird, weist das aufrechte und in seiner Mitte leere Pentagramm auf die Auflösung des Bösen hin. Aus diesem Grunde finden wir es auch als Abwehrzeichen im Boden so mancher Kirchenpforte, auf daß sich der Teufel in ihm verfange. Und in eben diesem Sinne, nämlich als → Bindezeichen für dämonische Kräfte, wird das Pentagramm auch von der weißen Magie verstanden.

Planeten

Außerordentlich bedeutsam sind als magische Sinnbilder die sieben mit bloßem Auge sichtbaren Wandelsterne. Sonne und Mond gelten in diesem Sinne auch als Planeten. Die den Wandelsternen zugewiesenen Kräfte und Eigenschaften kann man sich durch die Fertigung von → Abwehrzeichen und → Amuletten ebenso zunutze machen wie im magischen Ritual etwa bei der Markierung eines Schutzkreises. Zudem beherrscht jeder Wandelstern unabhängig von seinem wahren Stand am Firmament einen Wochentag, weshalb einem die hierdurch jeweils dominierende stellare Kraft auch leichter zugänglich ist. Insbesondere wirkt die jeweilige Planetenkraft in der 1., 8., 15. und 22. Stunde des entsprechenden Tages am intensivsten.

• ☉ Die Sonne gebietet über den Sonntag. Sie wärmt das Herz, weckt Leidenschaft wie Lebensgeister und beflügelt den schöpferischen Geist. Sie versinnbildlicht unser höheres Selbst. Ihr Element ist Gold. Der Erzengel Michael ist ihr nahe. Sandelholz und Mastix sind ihr angemessenes Räucherwerk.

• ☽ Montag ist der Tag des Mondes. Im Mond sehen wir Fruchtbarkeit und Wandel. Er läßt uns Stimmung und Laune wechseln, hält uns zum Träumen an, beschwingt unsere Gefühle und macht uns nachdenklich. Er ist unserem irdischen Selbst nahe. Sein Element ist Silber. Der Erzengel Gabriel wurde ihm beigesellt. Aloe und Myrrhe sind sein Räucherwerk.

• ♂ Der Mars bewacht den Dienstag. Durchsetzungskraft und Materialismus, Willensstärke, Triebkraft und Begierde sind seine Eigenschaften. Unter seinem Zeichen werden Taten gefordert. Eisen ist sein Element. Der Engel Samael ist ihm zugesellt. Pfeffer und Tabak werden für ihn entzündet.

• ☿ Merkur beherrscht den Mittwoch. Er gilt allgemein als ein schneller Geist. Intelligenz, Logik, Diplomatie, Beredsamkeit und listiges Geschick zeichnen ihn als Götterboten aus. Und so scheint er unsere Gedanken zu lenken. Sein Element ist das Quecksilber, die materia prima der Alchimisten. Der Erzengel Raphael steht für ihn. Zimt und Mastix sind sein Räucherwerk.

• ♃ Donnerstag steht im Zeichen Jupiters, des lichtstärksten Planeten. Er gilt als ein kräftigendes, lebensbejahendes Zeichen. Idealismus, Wohlwollen und Edelmut entsprechen seinem Charakter. In ihm ist transzendentes Wirken. Sein Element ist Zinn. Der Engel Sachiel wird ihm beigestellt. Safran und Muskatnuß werden ihm geräuchert.

• ♀ Den Freitag dominiert Venus. Sie verleiht uns ein sonniges Gemüt. Feinsinn, kreatives Schaffen, Gefühlstiefe und Liebesfähigkeit sind die Eigenschaften dieser kommunikativen Kraft. Ihr Element ist Kupfer. Der Engel Anael ist ihr zugeordnet. Costus und Eisenkraut sind ihr Räucherwerk.

• ♄ Samstag steht unter der Herrschaft des Saturns, des äußersten sichtbaren Wandelsterns. Er gilt als Schicksalsstern und Hüter der Schwelle zwischen dem Zeitlichen und der Unendlichkeit, darum fürchten ihn die bösen Geister, während wir durch ihn Lebensforderung und Notwendigkeit erfahren. Strenge, Schwermut, Bedachtsamkeit, Selbstbewußtsein und Konzentration sind an ihn gebunden. Blei ist daher sein Element. Der Erzengel Uriel ist ihm zugedacht. Sein Räucherwerk ist Schwefel und Kostwurz.

Psalmen

Psalmen sind alttestamentarische Lieder, wobei sich Hymnen und Danksagungen mit Bittgebeten und Klageliedern abwechseln. Einige der Psalmen wurden aufgrund ihres Inhaltes und ihrer Wortgewalt von jeher auch für zauberkräftig gehalten und fanden deshalb auch Eingang in weißmagische Rituale. Als schutzmächtigster Psalm gilt der nachstehend zitierte 23. Psalm, durch den weißmagische Handlungen häufig eingeleitet werden:

„Der Herr ist mein Hirte,
nichts wird mir fehlen.
Er läßt mich lagern auf grünen Auen
und führt mich zum Ruheplatz am Wasser.
Er stillt mein Verlangen;
er leitet mich auf rechten Pfaden,
treu seinem Namen.

Muß ich auch wandern in finsterer Schlucht,
ich fürchte kein Unheil;
denn du bist bei mir,
dein Stock und dein Stab geben mir Zuversicht.
Du deckst mir den Tisch
vor den Augen meiner Feinde.
Du salbst mein Haupt mit Öl,
du füllst mir reichlich den Becher.
Lauter Güte und Huld werden mir folgen mein Leben lang,
und im Haus des Herrn darf ich wohnen
für lange Zeit."

Weitere zaubermächtige Psalmen sind:

- 29. Psalm, durch ihn soll die Macht des Magus gestärkt werden.

- 35. Psalm, mit ihm soll die negative Kraft zurückgedrängt werden.

- 70. Psalm, er gilt als Abwehr- und Bittgebet.

- 91. Psalm, er wirkt ähnlich dem 23. Psalm als Schutzgebet.

- 109. Psalm ist ein mächtiger Fluch gegen Widersacher. Er sollte daher nur als Ultima ratio gebraucht werden.

- 110. Psalm, er wird als Initiationspsalm für den Weißmagier aufgefaßt.

Puppe (Atzelmännchen)

Puppen, meist handelt es sich um selbstgefertigte Wachspuppen, spielen im Sympathiezauber eine große Rolle; denn was man einer Zauberpuppe antut, soll auch auf magische Weise dem Gegner, dem Freund oder wie bei einer Form des → Heilzaubers auch einem selbst widerfahren. Zudem werden Puppen verwendet, um dämonische Kräfte umzulenken. Hierzu wird, sofern man sich von einer dunklen Macht bedroht fühlt, einer Puppe ein persönlicher Gegenstand beigelegt, und darauf die Puppe an einem → Kreuzweg versteckt oder auf ein → Bindezeichen gelegt. Die dunkle Kraft wird sich dann der Puppe bemächtigen und durch den Bindezauber an sie gefesselt bleiben.

Die aktivierte negative Energie einer Person, die einem feindlich gesinnt ist, kann man auch durch das Schmelzen von Wachspüppchen erheblich reduzieren oder gar ganz auflösen, was keinesfalls schon als schwarzmagisches Ritual angesehen werden sollte, konzentriert man sich doch dabei ausschließlich auf die böse Kraft des Gegners, jedoch nicht auf seine Person. Das geschmolzene Wachs kann man daraufhin zum Wachsgießen (→ Bleigießen) verwenden, und so gleichzeitig nach dem Erfolg des Zaubers fragen. Zeigt dieses Vorgehen noch keine befriedigende Wirkung, so nimmt man die Puppe zu drei Messen mit in die Kirche. Nach der dritten Messe, die über der Puppe gelesen wurde, durchsticht man sie und vergräbt sie. Hierauf muß der Gegner, um seines Seelenfriedens willen, von seinem Schadenszauber ablassen.

Durch Puppen läßt sich auch das eigene Glück beschwören. Dazu wird eine Puppe mit Glückssymbolen (→ Amulett) geschmückt. Solchermaßen ausstaffiert soll sie darauf das Glück herbeilocken. Damit sich dabei auch keine schlechten Kräfte mit einschleichen, wird die Puppe zum Schutz in ein Kästchen oder unter ein Glas gesetzt. Praktischerweise werden Glas oder Kästchen noch mit → Abwehrzeichen versehen.

Qi-Gong-Kugeln (Adlerstein)

Adlersteine nannte man Kugeln aus Toneisenstein mit innen gelösten Kernen. Hierdurch klapperten die Steine, weswegen sie einst im Heilzauber zur Geburtshilfe verwendet wurden; war man doch der Überzeugung, daß durch solche Steine das werdende Kind behütet werden konnte. Diese Vorstellung läßt sich auch allgemein auf alles Wachsende und Werdende übertragen, vornehmlich für das Reifen einer Idee bis hin zu ihrer Verwirklichung.

Statt eines Adlersteins nimmt man heute für solch einen Schutzzauber zweckmäßigerweise eine Qi-Gong-Kugel. Dies sind Metallkugeln, die mit einer Innenkugel versehen sind. Im magischen Gebrauch drehen Sie je eine Kugel in Ihrer linken und rechten Handfläche, sobald Sie Ihren Ideen und Vorstellungen nachhängen. Hierdurch werden Ihre Handchakren angeregt und eine physische Verbindung zwischen Ihrer Gedanken- und Tatkraft hergestellt. Ihre Ideen erhalten daraufhin entsprechend materielle Präsenz.

Rache

Manchmal genügt es nicht, einen energetischen Ausgleich durch Abwehr negativer Kräfte herzustellen, um hierdurch sein seelisches Gleichgewicht wiederzufinden. Die erlittene Verletzung scheint zu schmerzhaft und fordert, um auszuheilen, geradezu eine Widertat. Doch da es nicht an uns liegt, zu richten, sollten wir uns der Worte des biblischen David in der Auseinandersetzung mit König Saul (1.Sam. 24, 13) erinnern und ihm nachsprechen: „Der Herr wird Richter sein zwischen mir und dir und mich an dir rächen; aber meine Hand soll nicht über dir sein."

Räuchern

Wie das Verbrennen von Dingen, so ist auch das Räuchern eine reinigende Handlung. Zugleich trägt der aufsteigende Rauch unseren Ruf und unser Flehen mit sich fort, weshalb Räuchern von jeher auch eine heilige und kultische Opferhandlung war. Neben seiner reinigenden Kraft können wir durch den Rauch überdies Mittlerkräfte anrufen.

• Der reinigenden Kraft des Räucherns sollten Sie sich vor allem bedienen, wenn Sie Ihre Wohnung oder andere Räume und Orte spirituell klären wollen. So führe ich beispielsweise immer dann eine Räucherung meiner Wohnung durch, wenn allzuviele Besucher sich bei mir die Klinke in die Hand gegeben haben und dadurch die mir gemäße Atmosphäre durch andere Energien überlagert wurde. Zur Räucherung Ihrer Wohnung öffnen Sie zunächst die Fenster und lassen einen frischen Wind durchblasen. Danach verschließen Sie die Fenster wieder und entzünden das Räucherwerk. Sie können dabei Räucherkerzen oder -stäbchen entzünden, am wirksamsten ist allerdings eine Räucherung mit Holzkohle und Räucherwerk in einer Schale. Die Zutaten hierfür sind in entsprechenden Devotionalienhandlungen und esoterischen Läden zu haben. Schreiten Sie mit der Räucherschale in Ihrer Hand durch alle Räume und räuchern Sie jeweils von der Raummitte zu den Ecken. Danach lüften Sie erneut. Die im Rauch gebundenen unerwünschten Kräfte verwehen daraufhin. Hierauf führen Sie eine zweite Räucherung durch, lassen aber danach die Fenster geschlossen, auf daß sich die Ihnen entsprechende Atmosphäre wieder einstellen kann.

• Wollen Sie durch eine Räucherung Mittlerkräfte zur Verstärkung Ihrer magischen Kraft anrufen, sollten Sie die Räucherung nur innerhalb eines → magischen Kreises durchführen. Entzünden Sie dabei Kohle oder Räucherstäbchen entweder mit einem Fidibus, das ist ein Karton aus reinem Papier, oder einem nur für diese Zwecke genutzten Anzünder. Nach Beendigung des Rituals sollten Sie den Raum lüften, um eine Bindung der Mittlerkraft zu vermeiden.

• Räuchern bewirkt auch eine innere Klärung und Läuterung des feinstofflichen Körpers. Freilich muß man sich hierbei auf diesen erwünschten Effekt auch besinnen. Hilfreich ist hierbei, wenn man statt eines Fidibus das Räucherwerk mit einem „Beichtzettel" entzündet. Dazu spricht man seit altersher: „Jesus ist mein Licht."

• Das heute greifbare Räucherwerk ist dank der allgemeinen spirituellen Entwicklung umfassend wie schon lange nicht mehr. Daher ist die Frage, welches Räucherwerk entzündet wird, meist eine Frage des persönlichen Geschmacks. Indes ist Weihrauch für eine schützende Räucherung nach wie vor am wirkungsvollsten. Während zur Dämonenabwehr zusätzlich übelriechende Beigaben wie Teufelsdreck (Asafoetida), Thymian, Kümmel oder Baldrian sehr bewährt sind.

Ringe

Der Ring, in seiner Gestalt ohne Anfang und ohne Ende, ist ein Sinnbild der Ewigkeit und von daher ein zaubermächtiges Zeichen. Der aufgesteckte Ring verbindet und verpflichtet zur Treue nicht nur in der Ehe, sondern als Ehrenring auch in anderen Gemeinschaften. Mit dem Symbol eines → Planeten oder einem Monatsstein (→ magische Steine) versehene Ringe, verschaffen uns einen mächtigen Schutz vor virulenten Kräften, denen wir vor allem im Alltag und unter vielen Menschen ausgesetzt sind. Am linken kleinen Finger getragen, behütet er unsere Seelenkraft, am linken Ringfinger verknüpft er Herz und Seele und macht uns über alle Maßen empfindsam. An einer Kette um den Hals gehängt, bewahrt ein Ring uns vor dem → bösen Blick. In dieser Weise getragen, kann übrigens ein nach einer Scheidung abgelegter Ehering zu einem mächtigen Amulett werden, da er seine ursprüngliche Sinnkraft, nämlich als Zeichen der Liebe gegeben worden zu sein, beibehält. Letztlich ist der persönliche Ring auch ein sehr sensibles Siderisches Pendel. Dazu wird er an ein Haar geknotet. In dieser Weise über einen Buchstabenkreis geführt, erhalten wir scheinbar spielend Antworten, die über den Tag hinausreichen.

Rückwärtslesen

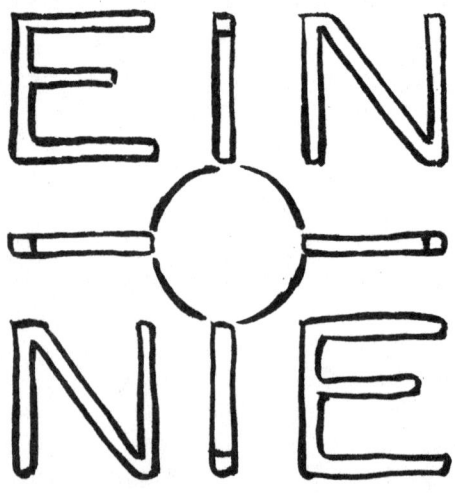

Rückwärtslesen bricht den Zauber. Wenn Sie also um einen Zauberspruch oder Fluch wissen, der gegen Sie gerichtet ist, so sprechen Sie ihn rückwärts. Am besten begeben Sie sich dazu in einen → magischen Kreis oder führen eine → Räucherung durch. Eine weitere Möglichkeit, den gegen Sie gerichteten Zauber aufzuheben, bietet das Palindrom „EIN NIE". Ein Palindrom kann vorwärts wie rückwärts gelesen werden und läßt sich deshalb nicht aufheben. Entweder sprechen Sie dieses Palindrom dreimal hintereinander aus, um sich aus einer unheilsamen Begegebenheit zu lösen. Oder Sie schreiben es in der abgebildeten Form auf ein weißes Papier und tragen es so lange bei sich, bis sich die Situation für Sie wieder geklärt hat.

Salz

„Habt Salz bei euch und habt Frieden untereinander" (Mark. 9,50). Dieser Satz Jesu über das Salzopfer zeigt, wie hoch die symbolische Bedeutung des Salzes durch alle Zeiten hindurch eingeschätzt wurde. Salz gilt aufgrund seiner Transparenz, seiner Lösungsfähigkeit und seiner Unverweslichkeit als ein Hort spiritueller und lebenserhaltender Kraft. Aus diesem Grunde wird dem Weihwasser geweihtes Salz zugefügt, damit selbst dämonische Naturkräfte sich mit ihm nicht verbinden können. Eine Salzweihe findet in den katholischen Kirchen vornehmlich am Heiligedreikönigstag und zu Blasius am 3. Februar statt. Wegen seiner zauberabwehrenden Kraft wird und wurde Salz zur Reinigung, zur feinstofflichen Klärung und zum Bann übler Geister rituell verwandt.

Gesalzene Laugenbrezen waren einst Fastenspeise und sind nach wie vor zur inneren Reinigung tauglich. Von übernommenen Gegenständen entfernt man die Aura der Vorbesitzer mit einer dünnen Salzlauge. Und da Salz nicht nur Staub, sondern auch das Böse bindet, kehrt man damit die Stube aus. Man fügt es auch rituellen → Bädern bei oder streut es vors Haus, um dunklen Kräften den Zutritt zu verwehren. Ist man unmittelbar einem üblen Angriff ausgesetzt oder wird aktuell von destruktiven Seelenkräften überschwemmt, klärt ein aus Salzkörnern gestreutes Kreuz augenblicklich die Atmosphäre; übrigens ein empfehlenswerter Brauch in Zeiten wie heute, wo sich uns Krethi und Plethi auf elektronischem Wege jederzeit aufdrängen können. In den Quatembertagen, das sind Mittwoch, Samstag und Freitag nach Beginn der vier Jahreszeiten, bestreut man alles, was einem lieb ist, mit Salz, um es vor dem → bösen Blick zu schützen. Ein paar Salzkörner genügen hierfür bereits. Und wer sich von jemandem endgültig verabschieden muß oder will, der wirft etwas Salz über seine Schulter und zieht alsdann von dannen, ohne sich umzusehen.

Schlange

Als Sinnbild ist die Schlange keinesfalls nur von Übel, wie man dies aufgrund des Bildes vom biblischen Sündenfall gemeinhin annehmen möchte. Die Schlange verkörpert ebenso männliche wie weibliche Aspekte – als Phallussymbol wie auch als Zeichen der Trächtigkeit – und gilt kraft ihrer Häutung desgleichen als Symbol beständiger Erneuerung. Gerade letztgenanntes Moment wirkt in die weiße Magie hinein, wo die Schlange am Äskulapstab und am Merkurstab für heilbringende und spirituell erweckende Kräfte steht. In dieser Verbindung ist sie als Sonnenzeichen beziehungsweise Sonnenauge zu verstehen, welches die lebenspendende Energie der Sonne transportiert. Im Ouroboros, dem Siegel der sich in den Schwanz beißenden Schlange, sieht man zudem den sich in alle Ewigkeit fortsetzenden Wandel von Geist und Materie. In dieser Form ist die Schlange auch ein mächtiges Wandlungssymbol, durch das negative Kräfte geläutert werden können. Im → Liebeszauber soll eine goldene Schlange im Haar oder am Busen einer Frau das erwählte Mannsbild becircen.

Schwarzmagische Angriffe

Von schwarzmagischen Ritualen müssen wir, Gott sei's gelobt, nichts verstehen, um Einfluß und Wirkung gegen uns gerichteter negativer Energien zu bemerken. Wenn wir mit offenen Augen durchs Leben gehen, können wir auf Anhieb erkennen, wer Freund

und wer Feind ist. Ebenso können wir mental wie körperlich aus der Ferne wirkende Kräfte vernehmen. Psychisch teilen sie sich uns dadurch mit, daß wir ungewollt und dumpf auf eine Person oder ein Geschehen fixiert bleiben, über das wir uns normalerweise spielend hinwegsetzen könnten. Auch wiederkehrende → Alpträume sind ein typisches Zeichen für eine magische Besetzung. Körperlich bemerken wir malevolente Kräfte anhand unbestimmter Kältegefühle, einem Sträuben der Nackenhaare oder dem vagen Gefühl, als würde jemand hinter uns stehen. Schwarzmagische Übertragungen fließen stets über die Rückenpartien. Auch ungewöhnliche, meist eingebildete Geräusche können ein entsprechendes Zeichen sein. Mit Gewißheit können wir einen schwarzmagischen Angriff annehmen, wenn zugleich mit diesen Anzeichen Katzen das Zimmer verlassen. Bei der Bestimmung dieser Symptome sollten wir aber auch unsere augenblickliche psychische Verfassung mit berücksichtigen; denn wenn wir selbst gestreßt und seelisch etwas darnieder sind, können wir gar selbst Verursacher solch bedrückender Gefühle sein. Ein spirituell klärendes Bad ist dann eher angebracht, als ein abwehrendes magisches Ritual.

Segenzettel

Durch die Kraft eines Gebetes stärken wir nicht nur unsere Seele, sondern wenden uns auch an das Allerhöchste. Erhört es unser Gebet, mag uns eine vollkommen lautere und wundermächtige Kraft zufließen. Durch Segenzettel soll diese Verbindung auch über unser Gebet hinaus bestehen bleiben und wirken. In diesem Sinne sind sie vergleichbar mit den Gebetsfahnen buddhistischer Gläubiger. Ein bei sich getragenes niedergeschriebenes Gebet bietet daher höchste Gewähr, daß uns göttlicher Schutz und Segen auch über die Andacht hinaus zuteil wird und unser Flehen erhört wird. Hierfür sollte das Gebet jedoch mit Feder und Tinte auf reines Papier geschrieben und jeden Sonntag erneuert werden.

Sich unsichtbar machen (eskamotieren)

Der Wunsch, sich unsichtbar machen zu können, dürfte so alt wie wir Menschen sein. Jedenfalls liefert er uns bis heute immer wieder Stoff für Sagen, Geschichten und Mythen. Im Märchen ist es meist eine Tarnkappe, die sich der Held überzieht, um sich den Blicken seiner Feinde zu entziehen. Bei den Gnostikern waren es Zauberpapyri, die ihnen zumindest in spiritueller Hinsicht Unsichtbarkeit garantierten, sobald sie sich mit dunklen Mächten einließen. Albertus Magnus erwähnt als Mittel, sich fremden Blicken zu entziehen, einen Stein namens „Ophthalimus", der, in Blattgold geschlagen, verblendende Strahlen aussenden würde. Andere Menschen hingegen müssen sich um Unsichtbarkeit gar nicht erst bemühen, sie machen sich selbst so unscheinbar, daß sie meist gar nicht wahrgenommen werden. In solcher an sich bedauerlichen Eigenschaft, liegt aber andererseits das Geheimnis des Magus, um sich Blicken wie negativen Kräften gleichermaßen zu entziehen. Schließlich besteht der erwünschte Effekt nicht darin, durchsichtig zu sein, sondern unbemerkt zu bleiben. Hierzu muß man sich quasi so weit abschirmen, daß man keine fein-stofflichen Impulse mehr an seine Umgebung abgibt. Eine Möglichkeit, dies zu bewerkstelligen besteht darin, sich gedankenleer zu machen. Ein Vorhaben freilich, das sich so mancher Erkenntnissuchende zur Lebensaufgabe gemacht hat, und das allein deshalb auch den wenigsten unter uns ad hoc gelingen dürfte.

Ein anderer Weg, sich unsichtbar zu machen, besteht indes darin, sich feinstofflich zu verspiegeln. Dies können Sie in akuten Fällen dadurch erreichen, daß Sie sich schlagartig in eine verspiegelte Pyramide denken. Durch dieses Vorgehen können Sie sich in erster Linie vor überraschenden psycho-energetischen Attacken verschließen.

In der Tat unscheinbar, ohne sich selbst dabei klein zu machen, werden Sie, wenn Sie beide Fäuste an den unteren Fingergliederrükken zusammenhalten. Die Fingerspitzen ruhen auf Ihren Handballen. Die Spitzen beider gestreckter Daumen berühren sich. Die solchermaßen geformten Fäuste halten Sie an Ihre Magengrube. Die zusammengelegten Daumen weisen nach vorne. Sie werden augenblicklich spüren, wie ein Energiefluß über Ihre Hände hinweg Ihre Aura von innen versiegelt. Denken Sie sich diesen Energiefluß in schönstem Himmelblau, und schon haben Sie sich eine Tarnkappe übergezogen. Selbst wenn man Ihnen darauf ins Gesicht sieht, wird man Sie nicht bemerken.

Sonntag

Auch wenn in den siebziger Jahren der Wochenanfang aus volkswirtschaftlichen Gründen per Gesetz auf den Montag verlegt wurde, sollte der Sonntag in unserem Bewußtsein gemäß dem christlich-abendländischen Verständnis der erste Wochentag bleiben. Es ist der Tag nach dem Sabbat und weist somit als Auferstehungstag Christi auf das Neue Testament und die Zeitenwende zurück. In diesem Bezug gilt der Sonntag als der Tag der Wiederschöpfung und Erlösung und ist von daher auch ein → günstiger Tag für alle weißmagischen Rituale.

Spiegel

Der Spiegel, gleichermaßen Sonnen- wie Mondsymbol, ist ein Zeichen des sich klärenden Bewußtseins wie der tiefgründigen Selbsterkenntnis. Die Spiegelversenkung, Catoptromantie, ist eine uralte magische Übung. Hierzu blicken Sie unverwandt in einen auf einem blauen Tuch liegenden runden Spiegel. Nach einer Weile verschwimmt Ihr Blick und ermöglicht Ihnen reflexive Visionen, mittels derer Sie über die Zeiten hinweg blicken können. Eine andere Form der Spiegelmagie besteht darin, daß Sie Ihr eigenes Bild bei Kerzenlicht im Spiegel betrachten. Hierdurch können Sie sich, sofern Sie der Mut dabei nicht verläßt, sehr tief in die Seele blicken. Gleichzeitig können Sie auch fremdbewirkte Verschattungen in sich erkennen und entsprechend zielgerichtet bannen.

Eine weitere Möglichkeit der Spiegelmagie, die allerdings einige Übung und Erfahrung voraussetzt, besteht darin, seinen Geist durch den Spiegel auf Reise zu schicken. Eine solche Geistreise erleben Sie nicht nur in sinnlicher Weise, sondern Sie erlaubt es Ihnen auch, direkt auf andere Personen einzuwirken. Auch dieses Ritual beginnt damit, daß Sie Ihr Gesicht im Spiegel fixieren. Dabei lassen Sie sich jedoch bewußt auf das flirrende Wechselspiel „Ich-Du, Du-Ich" ein. Sie werden dabei selbst bemerken, wie Ihr Spiegelbild scheinbar zunehmend an Eigenständigkeit gewinnt und Sie sich einer leichten Trance nähern. Bedecken Sie daraufhin den Spiegel mit einem blauen Tuch und schließen Sie Ihre Augen. Sie können sich nun wie in einem Schwebetraum bewegen. Wollen Sie wieder festen Boden unter Ihren Füßen gewinnen, kehren Sie zurück, indem Sie den Spiegel abdecken und sich selbst wieder freundlich begrüßen. Wie gesagt, bedarf es für diese Übung großer Erfahrung, und insofern ist ein Versuch mit ihr relativ ungefährlich; denn wem noch keine Flügel gewachsen sind, der wird hierbei so lange in seinem Nest sitzen bleiben, bis er flügge geworden ist. Damit jedoch die changierenden Kräfte der Spiegelmagie keine ungewollten Impulse auslösen, sollte man nicht vor unverhangenen Spiegeln schlafen.

Talisman

Ein Talisman ist ein Glücksbringer und steht damit in einem gewissen Gegensatz zum Amulett, das vornehmlich als Abwehrzeichen getragen wird. Ein wirksamer Talisman sollte einem zukommen; das bedeutet, man muß ihn für sich entdecken. Seine glückbringende Kraft sollte uns daher berühren und ansprechen. Dies kommt gewissermaßen dem Erkennen als auch der Offenbarung einer glücklichen Konstellation gleich, so daß wir sagen können: „Dieses Zeichen in dieser Form und Aufmachung kommt meinem Glück gelegen, wird es herbeiziehen und für mich halten." Von welcher Art dabei das Zeichen ist, spielt keine besondere Rolle. Es kann ein gewöhnliches Glückssymbol im Schaufenster eines Juweliers sein, es kann aber ebenso ein besonders gemusterter Kiesel sein, der einem über den Weg rollt. So ist etwa mein Talisman eine angeschlagene Christusfigur, die ich auf einem Speicher entdeckte und zunächst weiterreichen wollte. Doch nachdem ich sie in meinem Besitz hatte, entdeckte ich ihre für mich glückbindende Kraft und behielt sie fortan. Viele Menschen lassen sich ihren Talisman weihen. Da dies jedoch heute unter veränderten Glaubensauffassungen durch Priester nicht mehr so gang und gäbe ist, werden Talismane oft verborgen zu einer Messe mitgenommen und erfahren so eine indirekte Weihe.

Tanz

Von jeher muß der Mensch das Empfinden gehabt haben, daß er sich durch Tanz eine Welt erschließt, in welcher er dem Himmel ein Stück näher scheint. Und so ist es nicht verwegen, zu behaupten, daß sich beim Tanz die Götter einstellen. Beim magischen Tanz spielt der Analogiezauber eine herausragende Rolle. Im Zusammenspiel von Rhythmus und Bewegung entsteht eine starke physische und psychische Spannung, die wiederum eine kraftvolle Atmosphäre bedingt. Kommt hierbei schließlich auch die magische Absicht gestisch zum Ausdruck, wird in sinnverwandter Weise auch das aufgebaute feinstoffliche Kraftfeld strukturiert. Durch die solchermaßen geformte magische Kraft verändern sich schließlich die realen Bedingungen und Kräfte im erwünschten Sinne. In der psychologischen Praxis der Gestalttherapie etwa geht man ähnlich vor, freilich ist hierbei der grundlegende Ansatz ein anderer.

Der magisch rituelle Tanz hat sich auch unserer Zeit angepaßt. Zwar greifen wir bei den derzeit vielgefragten übernommenen schamanischen Tänzen indianischer Kulturen auf uralte Riten und Vorlagen zurück, um ein magisches Geschehen zu fördern, indes sehen wir zur selben Zeit im heimatlichen winterlichen Maskentanz eher eine überkommene Brauchtumshandlung als ein magisches Ritual. Nackte Tänze auf mondbeschienenen Wiesen, obwohl so alt wie der Mensch selbst, erscheinen uns derweil wiederum ebenso zeitgemäß wie katharsische Schütteltänze zur seelischen Entschlackung, häufig als Meditation angeboten, oder in Tanzrituale eingebundene Feuerläufe. Und auch der durch den Tanz bewirkte Liebeszauber hat nichts von seiner ursprünglichen Bannkraft verloren, auch wenn sich hier Bewegung, Musik und Ritual am deutlichsten über die Zeit hinweg verändert haben.

Tanz ist nur selten ein Ereignis für eine einzelne Person. Dies gilt nicht minder für den Tanz als weißmagisches Ritual. Darum sind weißmagisch wirkende Tänze auch mehrheitlich Gruppentänze von der beschriebenen kraftschöpfenden Bedeutung für jeden einzelnen Teilnehmer. Weißmagische Bann- und Abwehrtänze machen statt dessen nur Sinn, wenn Gruppeninteressen durch dunklen Zauber bedroht werden. Dies setzt freilich ein Gemeinschaftsempfinden voraus, wie man es heute nur in kleinen, meist sektiererischen Gruppierungen erleben kann. Wobei dann aber der weißmagische Aspekt meist zulasten einer selbstgerechten polaren Kraftmehrung verschoben wird und folglich auch eher virulente Kräfte anstatt ausgleichender Energien aktiviert werden.

Tätowierungen

Die allgemeine Einstellung zum Tätowieren wandelt sich von jeher mit den Zeitläufen. Noch vor gar nicht so langer Zeit waren Tätowierungen gesellschaftlich verpönt, mittlerweile stehen sie wieder hoch im Kurs. Das gilt insbesondere für Schmucktätowierungen, rituelle Tätowierungen gelten wiederum als obskur. Dabei sind es eigentlich die rituellen Tätowierungen, die diese uralte Kunst begründeten. So hatte beispielsweise die berühmte steinzeitliche Gletscherleiche „Ötzi" sogenannte Heiltätowierungen in der Nähe von vernarbten Wunden. Eine rituelle Tätowierung ist auch eng verbunden mit einem Initiationsritual und setzt daher eine entsprechende Bindung an einen Kreis von Eingeweihten voraus. Derzeit werden Tätowierungen überwiegend aus individuellen Überlegungen heraus gesetzt, wobei initiationsähnliche Gruppeneinflüsse durchaus impulsgebend sein können. Weißmagische Symbole sollten dabei um ihrer hintergründigen Wirkung willen nicht solitär gestochen werden, sondern in ein Hautbild integriert werden. So wirkt beispielsweise ein tätowiertes solitäres Kreuz nicht nur sichtbar, sondern auch feinstofflich banal. Grundsätzlich sollte sich, wer sich zur Stärkung seiner magischen Macht für eine Tätowierung entscheidet, über den Symbolwert des gewählten Bildes im klaren sein. Denn bedingt aus der jüngsten Tradition der Tätowierkunst ist der Anteil schwarzmagisch beeinflußter Bilder in den Leistungsalben der Tätowierer recht beachtlich.

Tetragramm

Den wahren Namen des biblischen Gottes durfte kein Jude ungestraft aussprechen. Und so wurde der Name des „Unaussprechlichen" mit Jahwe umschrieben. Dieser Name wird aus vier hebräischen Konsonanten, nämlich JHWH, zusammengesetzt und Tetragramm genannt. Gedeutet wird das Tetragramm in der abendländischen weißmagischen Tradition folgendermaßen: Die vier Buchstaben symbolisieren in ihrer Gesamtheit die göttliche Einheit. In ihrer Vierheit weisen sie auf die Zahl Vier, die die Erde und den schaffenden Menschen versinnbildlicht. Die drei Buchstaben, aus denen sich dieses Wort zusammensetzt, deutet man als die göttliche Dreifaltigkeit, wobei das zweifach vorkommende H für Christus als Gottes- und Menschensohn angesehen wird.

Allein durch diese Ausdeutung offenbart sich das Tetragramm als ein überaus mächtiges Schutzzeichen, was es in der Tat auch ist. Bei einer schwarzmagischen Beschwörung, der ich mich zu Studienzwecken unterzogen hatte und während der sich eine abgrundtief böse Kraft offenbarte, war das Tetragramm das einzige zuverlässige Schutzzeichen. Nur dank seiner konnte ich den einmaligen Versuch unbeschadet überstehen, das heißt, daß sich die aufgestiegenen negativen Kräfte nicht nachhaltig mit meinem feinstofflichen Leib verbinden konnten. Und so erfuhr ich am eigenen Leibe, was bereits die Bibel verkündet (1. Sam. 17,45; Psalm 20,8): „Nur im Namen des Allmächtigen läßt sich das Böse bezwingen."

Ein auf reines Papier gezeichnetes Tetragramm bietet eben diesen Schutz. Er läßt sich zudem in dringlichen Fällen auch durch die Worte

„Eheie Ascher Eheie" (der da war, der da ist, der da sein wird) herbeirufen beziehungsweise bekräftigen. Notiert man ein Tetragramm dreimal in eine Zeile und setzt dies im Schwindeschema fort, das heißt Zeile um Zeile darunter, nur um einen Buchstaben gekürzt, erhält man ein Siegel aus 72 Buchstaben. Dieses Siegel wirkt wie ein Bannstrahl. Er neutralisiert die Energie jedes schwarzmagischen Angreifers, auf dessen Namen seine Spitze weist.

Die 72 Buchstaben dieses Siegels weisen auf eine andere Umschreibung des Gottesnamens hin, nämlich den Schemhamphorasch (gelegentlich auch Schem ha-Meforasch geschrieben). Er soll der deutlich ausgesprochene Gottesname sein, durch den sich Gott Moses auf dem Sinai offenbarte. Diesen Namen soll Moses in seinen Stab geschnitten haben, durch den er Wunder bewirkte. Und anhand dieses Namens beziehungsweise der Zeilen der Verse 19 bis 21 des 2. Buch Mose, Kap. 14, in denen dieser Name umschrieben sein soll, deuteten die Kabbalisten die Namen der 72 Engel heraus, die die Welt regieren sollen. Aus diesem Grunde gilt auch das Wort Schemhamphorasch als außerordentlich zauberkräftig. Freilich zeitigt es in der Praxis nicht die gleiche Mächtigkeit wie ein Tetragramm.

Totenbann (Geisterfalle)

Einerseits achten wir das Andenken an unsere Verstorbenen, andererseits wollen wir ihnen jede Einflußnahme über das Grab hinaus entziehen. Dabei fürchten wir berechtigterweise weniger den Widergänger, der uns des Nachts schrecken könnte, als vielmehr unsere gedankliche und seelische Besetzung durch den Geist des Toten. Wir spüren von Mal zu Mal seine Nähe und erfassen, wie seine Kraft sich unseren Handlungen widersetzt beziehungsweise sich mit ihnen verbindet. Um unsere Eigenständigkeit in dieser Beziehung wiederzugewinnen beziehungsweise zu erhalten, müssen wir den Verstorbenen bannen, auf daß er gezwungen ist, sich von uns zu lösen.

Besonders wichtig ist es, sich zwar entschieden, aber dennoch ohne Arg vom Verstorbenen zu verabschieden. Dieser Prozeß währt im allgemeinen 30 Tage, an denen im Eingang des Hauses für den Toten ein Licht angesteckt wird. In dieser Zeit sollten wir uns auch mit dem Toten aussöhnen. Diese Versöhnung können nur wir selbst, da noch wandlungsfähig, leisten. Durch sie ermöglichen wir dem Verstorbenen erst, sich zu lösen. Während der ersten drei Tage nach dem Tod wird die Wohnung geräuchert, eine Aufgabe, die, sofern die Familie groß genug ist, dem dritten Sohn zukommt. Ein Gesteck aus Rosmarin ist symbolisches Opfer und Wegzehrung für den langen Weg, den der Tote nun antritt. Seinen Leichnam zu waschen und einzusargen ist eine letzte Pflicht und letzter Dienst, den wir uns aber mittlerweile längst erkaufen. Bann und Versöhnung zugleich bedeutet es, wenn wir dem Verstorbenen eine ihm lieb gewordene Sache mit in den Sarg geben. Am siebten und am dreißigsten Tag stecken wir für den Toten ein Licht am Grabe an, auf daß seine Seele sich lösen kann und den Weg in die Ewigkeit finde. Schließlich können wir noch einen Kiesel vom Grab nehmen, den wir zu Hause säubern, weihen und räuchern und danach wieder auf das Grab zurücklegen. Auf diese Weise setzen wir dem Geist des Toten unsere lebendige Kraft entgegen, um uns endgültig von ihm zu trennen.

Dem Totenbann verwandt ist auch der Geisterbann. In den überwiegenden Fällen, hinter denen wir Spuk vermuten, handelt es sich um niedere virulente Kräfte, die als Klopf- oder Poltergeister in Erscheinung treten. Solche Kräfte können im allgemeinen mit einem Abwehrzeichen oder einem Bannsiegel vertrieben werden. Und da sie meist nachts auftreten, genügt oft auch nur ein ungelöschtes Licht, das sie zurückdrängt. Hartnäckigere Plagegeister lassen sich in Geisterfallen (→ Alpträume) einfangen. Hierzu wird aus Karton eine Pyramide gefaltet, in die eine frische Frucht und ein Stück Kohle gelegt wird. An einer Seite versieht man die Pyramide mit einem kleinen Eingang. Nun muß noch ein → Pentagramm auf den Boden der Pyramide gezeichnet werden, das mit seiner Basis auf den Eingang weist. Alsdann wird die Falle so ausgerichtet, daß der Eingang nach Norden zeigt. So bleibt die Falle über eine Nacht stehen. Am anderen Morgen verschließt man den Eingang der Falle und deponiert sie auf einem Friedhof oder übergibt sie dem Feuer.

111

Träumen

Träume sind nicht nur Schäume. Sie verraten uns auch etwas über unser Unterbewußtsein und können uns auf Dinge hinweisen, die wir in unserem Alltag oftmals übersehen. So erhalten wir womöglich Schlüssel in die Hände, um das eine oder andere unserer Probleme zu lösen. Es empfiehlt sich also generell, seine Träume in einem Traumtagebuch festzuhalten. Andererseits sind wir unseren Träumen nicht nur ausgesetzt, denn wir können sie auch bewußt lenken. Damit wird es möglich, uns mit Personen und Gegebenheiten zu verbinden und deren feinstoffliche Muster durch unseren Traum zu beeinflussen. Das kann spontan während eines Traumes geschehen, besser ist es jedoch, wenn wir uns vor dem Einschlafen ein derartiges Ziel vornehmen.

Wollen Sie in dieser Hinsicht aktiv werden, sollten Sie das Ziel – es kann eine erwünschte Situation oder eine bestimmte Person sein – vor Ihr geistiges Auge projizieren. Nimmt Ihr Ziel Gestalt an, überkreuzen Sie Zeige- und Mittelfinger beider Hände und berühren mit Ihrer Zeigefingerspitze den jeweiligen Ringfinger. Diese Handhaltung behalten Sie bei, bis sie sich entweder von selbst löst oder Sie eingeschlafen sind. Die Wahrscheinlichkeit, daß Sie in dieser Nacht von der vorgestellten Begebenheit träumen werden, ist daraufhin sehr hoch. Träumen Sie davon, so werden Sie auch der Regisseur Ihres Traumes sein. Je intensiver Sie es dabei verstehen, auf Ihren Traum einzuwirken, desto kräftigere Impulse setzen Sie und um so größer ist die Chance, daß Sie durch Ihre Traummagie in Ihrem Sinne Tatsachen schaffen. Schließlich können Sie noch, sofern Sie selbst Ihre magische Kraft grundsätzlich für zu gering erachten, in Ihrem Traum bildhaft in den Himmel greifen. Versuchen Sie es einmal, und Sie werden staunen, welch unermeßliches Kraftpotential Sie sich durch diesen symbolhaften Zugriff erschließen.

Verhüllen

Wer hat nicht manchmal das Bedürfnis, sich zu verkrümeln und sich die Bettdecke über die Ohren zu ziehen. Auch in der weißen Magie, besonders vor einem schwierigen Ritual, ist solche Sammlung und solches In-sich-gekehrt-sein erforderlich. Nur so können Sie oftmals die notwendige Kraft in sich aufbauen, um sich mit Ihrem Gegenzauber auch wirksam durchzusetzen. Ziehen Sie sich für diese Übung in Ihren → magischen Schutzkreis zurück, und bedecken Sie sich vollständig mit einem weißen Laken. Bleiben Sie so lange darunter verborgen, bis Sie sich kräftig genug für das vorgenommene Ritual fühlen.

Eine andere Form des Verhüllens nehmen Sie vor, wenn Sie sich einer anhaltenden Bedrohung entziehen wollen. Da Sie sich hierzu nicht auf Dauer bedecken können, nehmen Sie ersatzweise ein Bild von sich selbst und verbergen es so lange unter einem weißen Schleier, bis sich die Atmosphäre für Sie wieder geklärt hat. In dieser Weise können Sie auch anderen Personen magischen Schutz gewähren.

Vierzehn Nothelfer

Wer in höchster Not einen der Vierzehn Nothelfer anruft, dem soll auf wundersame Weise Hilfe zuteil werden können. Die Institution dieser Vierzehn Nothelfer entwickelte sich zur Pestzeit im 14. Jahrhundert und verfestigte sich ein Jahrhundert später, nachdem ein Schäfer bei Langenheim in Oberfranken eine Vision der Nothelfer in Engelsgestalt hatte. Seitdem bestätigen zahlreiche Berichte, wie durch die Fürbitte dieser Heiligen körperliche und geistige Nöte abgewandt wurden. Die Vierzehn Nothelfer sind im einzelnen: Achatius der Soldat, Ägidius, Barbara, Blasius, Christophorus, Cyriacus von Rom, Dionysius von Paris, Erasmus, Eustachius, Georg, Katharina von Alexandrien, Margaretha von Antiochien, Pantaleon und Vitus.

Vorbereitungen

Ein Großteil der in diesem Buch beschriebenen magischen Gebräuche bedarf keiner rituellen Vorbereitungen. Sie können gewissermaßen aus dem Stand heraus umgesetzt werden, ohne daß sie hierbei etwas an Wirkkraft einbüßen. Andererseits kann man durch ein größer inszeniertes Ritual die Wirkung dieser magischen Handlungen noch verstärken. Umfassendere magische Handlungen, vor allem solche, die sich gegen ausgemachte Bedrohungen richten, erfordern hingegen in jedem Fall eine größere Vorbereitung und eine Einstimmphase.

So gelten zu bestimmten → günstigen Tagen und Tageszeiten angefertigte Amulette oder Wünschelruten als besonders zaubermächtig. Als günstige Tageszeiten werden dabei je nach Überlieferung und Weltsicht andere Tageszeiten genannt. Als in jeder Hinsicht günstig wird jedoch die Stunde nach Sonnenaufgang und die Neumondnacht angesehen. Größere magische Handlungen beginnen oft mit einer Vorbereitungszeit von neun Tagen. In dieser Zeit meide man Alkohol und Fleisch. An jedem dieser neun Tage sollte man auch ein Almosen geben oder eine andere barmherzige Tat ausführen. Streit gehe man tunlichst aus dem Weg. Außerdem sollte man sich stundenweise zurückziehen und sich mit Erbauungsliteratur beschäftigen. Zudem sollte man sich in dieser Zeit mit seinem Vorhaben gedanklich beschäftigen, damit man sein Ziel genau eingrenzt und das wirksamste Mittel zum Erfolg findet.

Zum magischen Ritual selbst wird vielfach Nüchternheit vorgeschrieben. Zuvor wird der Raum ausgependelt, um eventuelle Störfelder zu neutralisieren. Danach wird eine Räucherung durchgeführt. Ihre Wirkung sollte nochmals mit dem → Pendel oder der Rute überprüft werden. Alsdann werden die → Kerzen angesteckt und eine Schale mit → Wasser aufgestellt. In dieser Weise rückt die Kraft aller vier Elemente in den Bannkreis des Magus. Häufig wird auch ein Erbhemd (→ Erbstücke) als Schutzmantel empfohlen. Schließlich zieht der Magus einen → magischen Kreis um sich und beginnt mit dem Ritual. Musik und Räucherwerk wirken dabei ebenso unterstützend wie die Anwesenheit Gleichgesinnter, sei es in Person oder in Bild.

Während des Rituals sollten die Absichten, die mit den einzelnen Schritten verbunden sind, unmißverständlich formuliert und deutlich vernehmbar ausgesprochen werden.

Nach Abschluß der magischen Handlung sollten die Requisiten weggeschlossen werden und für mindestens sieben Tage keinesfalls in profaner Weise verwendet werden.

Wasser

Wasser wird gemeinhin als die weibliche Schöpfungskraft betrachtet. Über ihm schwebte der Geist Gottes und verband sich mit ihm, auf daß die Erde fruchtbar wurde. Wasser ist somit schlechthin eines der Lebenssymbole, andererseits kann es in ungelenkter Fülle auch zu einer vernichtenden Kraft werden. Grundsätzlich versinnbildlicht Wasser eine alles durchdringende reinigende Kraft, die sich leicht mit anderen Stoffen verbindet, aber ebenso rasch wieder klärt. In diesem Sinne wird Wasser auch in der weißen Magie verwandt. Als geweihtes Wasser dient es vornehmlich der spirituellen Reinigung, also der magischen Klärung des Geistes. Bei rituellen Handlungen ist es ebenso wie brennende Kerzen ein unverzichtbares Requisit für den Magus.

Vortrefflich harmonieren die beiden Elemente Feuer und Wasser, wenn Sie hierzu eine thermische Duftschale aufstellen. Das Feuer verzehrt die durch das Wasser gebundenen schlechten Kräfte, während sich Ihre durch das Ritual gelenkten guten Energien durch den aufsteigenden Duft mitteilen. In unruhigen Nächten wirkt eine Schale Wasser im Schlafzimmer beruhigend. Dräuende Kräfte werden hierdurch gebunden, die Sie dann am anderen Morgen mit dem Wasser hinfortschwappen. Aus diesem Grunde sollte man auch kein Getränk mehr zu sich nehmen, das über Nacht offengestanden hat. Schließlich kann auch die positive Kraft des Magus in einem magischen Ritual mit dem Wasser verbunden werden, wodurch es den Charakter von Heilwasser annimmt.

Wortzauber (Namenszauber)

Die Macht des Wortes wurde durch alle Zeiten hindurch gerühmt und gefürchtet. Wer das Wort hat, der besitzt die Herrschaft über die Dinge. Er kann durch Verschweigen oder Benennen Personen und Sachen der Vergessenheit anheim geben oder sie ins rechte Licht rücken. Ebenso kann er Dinge schöpfen, indem er Ungenanntem einen Namen gibt. Dies allein wäre schon Magie genug, erschiene es uns seinerseits nicht zu alltäglich. Gleichwohl gründet der Wortzauber im Prinzip auf dieser ganz alltäglichen Macht der Worte; sie wird lediglich in bedachter, gerichteter und ritueller Weise eingesetzt. Ein geschulter Redner, sei es Schauspieler, Priester oder Politiker, knüpft hieran in profaner Manier an. Hingegen konzentriert sich der Magus auf die feinstoffliche Kraft der Worte, indem er sich auf die Energie und den Geist, aus dem heraus sie wirken, besinnt.

• Wer den Dingen einen Namen gibt, belebt sie nicht nur, indem er sie ins Bewußtsein rückt, sondern er gewinnt auch Macht über sie und übt so Namenszauber aus. Er kann das Benamte einordnen und lenken, es reifen und vergehen lassen. So gibt man etwa dem Alp in seinen Träumen einen guten Namen, damit er seine schattenhafte Kraft verliert. Doch nur, wer um den wahren Namen einer Sache weiß, der wird ihr Meister. Der wahre Name ist aber nicht immer der geläufige, sondern nur der, der das Wesen der Dinge, ihren innersten Kern, beschreibt. In seinem Roman *1984* ging George Orwell auf diese Form des Wortzaubers ein. Er beschreibt, wie die Namen der Dinge durch die Mächtigen verändert werden, auf daß sie die Kontrolle über die Unwissenden behalten. In der magischen Praxis werden daher Personen oft Beinamen gegeben, um sie präzise fixieren zu können. Andererseits legt sich so mancher einen Namen zu, der seinem Wesen eindeutiger entspricht als der ihm gegebene Name. Diesen Namen aber hütet er und gibt ihn nur einem kleinen Kreis von Vertrauten bekannt. Solch eine Namensgebung ist auch wie jede Namensgebung schlechthin eine Form des Schutzzaubers. Daher sollten Eltern die Bedeutung des Namens kennen, den sie ihrem Kind zueignen. Letztlich kann man ein drohendes Unglück dadurch begrenzen, indem man einer Person oder einer Sache mehrere Namen verleiht.

• Zaubermächtige Wörter werden ebenso wie Zielsetzungen in → magische Quadrate gesetzt, um ihre Wirkung zu verstärken. Sehr wirkungsvoll ist auch das Schwindeschema, bei dem das Ursprungswort wie etwa beim → Abrakadabra stets um einen Buchstaben verkürzt untereinander geschrieben wird. Hierdurch ergibt sich ein auf der Spitze stehendes Dreieck, durch das der magische Wille durchdringende Gestalt erhält. Die Kraft solchen Zaubers intensiviert sich noch, wenn ein solches Zeichen der damit belegten Person zugespielt wird.

• Durch die Art und Weise, in der man im magischen Ritual Wörter intoniert, läßt sich der Zauber verstärken. Dies wirkt sich vor allem bei der Verwendung von → Zaubersprüchen aus, die als eigenständige Ausformung des Wortzaubers angesehen werden können. Durch Aussprache, Rhythmus, Betonung sowie Körperhaltung und Gestik werden die Worte zusätzlich beseelt und in magischer Weise befrachtet. Mit Musik und Trommelschlag begleitet, verdichtet sich ihre Kraft nochmals und wird durch mehrmalige Wiederholung verfestigt. Hierin liegt auch das wirkende Geheimnis jeder Litanei. Durch sie werden positive Kräfte gebunden und negative Energien verflüchtigt, wobei eine solchermaßen entwickelte Litanei die magische Absicht zum Ausdruck bringen und gleichzeitig die Kraft des Magus beschwören sollte.

• Damit der Wortzauber durch andere nicht gebrochen werden kann, bedient sich mancher Magus einer Geheimschrift. Zudem gewährleistet ein verschlüsselter Zauberspruch, daß der Adressat den ihm zugedachten Zauber nicht ohne weiteres durchschauen und somit unwirksam machen kann. Beliebt ist auch die Verkürzung einer magisch wirksamen Formel auf ihre Anfangsbuchstaben. Das Resultat einer solchen Vorgehensweise wird Notarikon genannt. Es wurde einst vornehmlich mit hebräischen Wörtern durchgeführt. In der deutschen Sprache werden hierzu häufig die ersten beiden Buchstaben eines Wortes mit herangezogen, da nur relativ wenige Wörter mit einem Vokal beginnen. Beispielsweise bedeutet das Notarikon ESWIKO „Er soll wiederkommen".

- Schließlich sei noch ein Abwehrzauber erwähnt, der dem → Bleigießen entlehnt ist. Dazu ritzt man den Namen des Gegenspielers auf
ein wächsernes Plättlein und legt es in die Sonne. Mit der Schrift ver-
geht darauf auch die widrige Kraft des Angreifers.

Wünschelrute (Pendel)

Daß man mit einer Rute beziehungsweise einem Pendel nicht nur
nach Wasser oder energetischen Störfeldern suchen kann, sondern
auch für alle möglichen Fragen im Hinblick auf Psyche und Gesundheit eines Menschen ebenso Antworten finden kann wie bei der
Schau in Zukunft oder Vergangenheit, ist gemeinhin bekannt. Diese
radiästhetischen Aspekte sind auch Teil der weißen Magie. Dabei
werden die Fragen direkt an die Rute oder das Pendel gerichtet und
durch Pendelausschläge, Pendelkarten oder Buchstabenkreise
beantwortet. Beim Pendelausschlag ermittelt der Magus zunächst,
welche seiner Pendelbewegungen als positives, negatives oder neu-
trales Zeichen zu werten ist. Pendelkarten können individuell als
Kreise oder Halbkreise angelegt und von Fall zu Fall beschriftet werden. Je nachdem in welches Feld anschließend das Pendel weist, ist
die Antwort zu werten. Bei Buchstabenkreisen wird das Alphabet in
einen Kreis geschrieben. Das darüber gehaltene Pendel schwingt
darauf von Buchstabe zu Buchstabe und gibt so eine Antwort auf die
gestellte Frage.

Eine andere Möglichkeit der Rutenmagie besteht darin, mittels einer
Rute den Geist eines Angreifers direkt zu „schlagen". Hierzu knüpfen
Sie in mentaler Weise einen Kontakt zu der Sie bedrängenden Person.
Dabei halten Sie die Rute von Anbeginn des Rituals. An ihrem Aus-
schlag erkennen Sie, ob die Verbindung, um die Sie sich dabei bemühen, an Intensität zunimmt. Haben Sie schließlich den Eindruck, der
Geist der betreffenden Person nähere sich Ihrem Kreis, ziehen Sie mit
der Rute aus und führen einen heftigen Schlag gegen ihn. Das Ganze
wiederholen Sie bis zum dritten Schlag. Dabei werden Sie feststellen,
wie die Kraft Ihres Gegners von Mal zu Mal schwindet. In dieser Weise
ging ich zum Beispiel einmal während eines Telefongesprächs gegen

eine unverschämte Person vor, am Ende war sie kleinlaut und unterwürfig und belästigte mich von da an nie wieder.

Wurzeln

(siehe auch Alraune)

In Baumwurzeln ruht eine urgründige Kraft, die in der weißen Magie als Schreckmittel gegen Kobolde, Druden, Nymphen und andere naturverbundene Geistwesen eingesetzt wird. Solcherart angesprochene naturhafte Erdkräfte werden vor allem durch Groll und andere abgründige Seelenkräfte geweckt und genährt. Verbrennt man hiergegen ein Stück Wurzelholz, so verflüchtigen sich die schattenhaften Energien mit dem aufsteigenden Rauch. Eine nachträgliche → Räucherung der Wohnung ist allerdings angebracht, sofern man dieses Ritual nicht unter freiem Himmel durchführen kann. Fratzenhafte Wurzel- und Aststücke werden auch gerne als Schreckmasken vor dem Haus plaziert. Hierdurch werden erdhafte Geistwesen davon abgehalten, sich womöglich im Inneren des Hauses einzurichten.

Zahlenmagie

Zahlenmagie und Kabbala sind einander zwar ähnlich, haben jedoch andererseits wiederum nur wenig gemeinsam. Gleichwohl werden diese beiden Traditionen esoterischer Zahlensymbolik fälschlicherweise immer wieder miteinander gleichgesetzt. Magische Zahlenmystik und -symbolik entstand wohl zur selben Zeit, als der Mensch das Zählen und Rechnen lernte. Die Kabbala indes formte sich im rabbinischen Judentum des zweiten Jahrhunderts. Ihre wahre Entwicklung und Blüte erlebte sie indes erst in der zweiten Hälfte des 12. Jahrhunderts in Südfrankreich, im geistigen Umfeld der Katharer und Albigenser. Von daher ist sie weniger ein magisches System als vielmehr ein Weg mystischer Gottessuche und -erkenntnis.

Zahlenmagie fußt im wesentlichen auf der symbolischen Deutung der zehn Ziffern. Diese Deutung wird dann entsprechend dem magischen Verständnis von Symphatie und Analogie in rituelle Handlungen mit eingebunden. In diesem Zusammenhang werden Daten, Namen und Buchstaben bewertet. Das Ergebnis der Bewertung erklärt den magischen Hintergrund zurückliegender Ereignisse und bestimmt die Richtung, in welcher Weise zukünftiges Geschehen weißmagisch flankiert werden kann. In dieser Hinsicht steht die Zahlenmagie der landläufigen Numerologie sehr nahe.

Zunächst können die Zahlen in zwei Gruppen, nämlich gerade und ungerade Zahlen, geteilt werden. Ungerade Zahlen gelten in unserem Kulturkreis dem männlichen und begrenzten Prinzip zugehörig, während gerade Zahlen stellvertretend für das Weibliche und Unbegrenzte stehen. Primzahlen sind nur durch 1 oder durch sich selbst teilbar, darum werden in ihnen grundlegende Zauberkräfte vermutet.

Für die Beurteilung von größeren Zahlen und Daten werden hauptsächlich Quersummen gebildet, wobei die Ergebnisse solcher Rechnungen durch entsprechende Zergliederung sowie Addition oder Multiplikation mit symbolträchtigen Zahlen einer Bewertung unterzogen werden. Die magische Absicht ist dabei insofern richtungweisend, als die gewählten Bezüge so weit verändert werden, bis sie vom Zahlenwert her dem Wollen des Magus entsprechen. Auf diese Weise können zaubermächtige Siegel errechnet werden.

Ein praktisches Beispiel soll solch zahlenmagisches Vorgehen illustrieren: Angenommen, Ihr ehemaliger Freund Hans fechtet mit Ihnen einen Strauß aus und bringt Sie deshalb ins Gerede. Die Folge ist, daß Sie scheel angesehen werden. Um dem entgegenzuwirken, errechnen Sie den alphanumerischen Buchstabenwert des Namens Ihres alten Freundes: H=8, A=1, N=14, S=19, Quersumme = 42 = 6. Die erste Quersumme verrät Ihnen, daß Ihr Freund sich bei seinem Vorgehen weiblicher Kräfte bedient. Die zweite Quersumme bestätigt Ihren Verdacht. Denn durch die bipolaren Mächte der 6 kann er durch die einseitig weibliche Gewichtung erhebliche Disharmonien erzeugen. Folglich setzen Sie seiner Energie eine ausgleichende Kraft entgegen, um sein Wirken aufzuheben. Dazu zeichnen Sie ein aufrechtes → Dreieck und schreiben, von oben beginnend, gegen den Uhrzeigersinn dreimal seinen Namen, wobei Sie nacheinander jeder Ecke einen Buchstaben zuordnen. In dieser Weise zwingen Sie die einseitig weiblichen Kräfte in ein männliches Schema. Hierauf verbrennen Sie den Zettel in einem Ritual. Aus der Asche zeichnen Sie entsprechend der weiblichen Energie ein nach unten gerichtetes Dreieck als Bindezeichen und deponieren es außerhalb Ihrer Wohnung. Auf diese Weise binden Sie die Kräfte Ihres Gegners, und sein übles Bemühen wird sich fortan gegen ihn selbst kehren.

Als außerordentlich symbolträchtig gelten vor allem die folgenden Zahlen von 1 bis 12:

- **Die Zahl 1** weist unverkennbar auf die Einheit im Vielen hin. Sie gilt somit als die Zahl Gottes und steht folglich für das Aufstrebende und Aufkeimende, in dem sich die kompakte Energie allen Anfangs bündelt. Sie ist zudem ein Zeichen der Totalität und mithin auch der Macht.

- **Die Zahl 2** ist die weibliche Grundzahl, ihr Element ist die Erde. Gleichzeitig ist sie Zahl der Stofflichkeit und des erkennenden Geistes, denn 2 bedingt Dualität und Gegensätzlichkeit. Zugleich aber wird sie zum Sinn; in diesem Sinne steht 2 auch für das positive Moment theurgischer Magie.

- **Die Zahl 3** ist die Grundzahl der männlichen Weltenhälfte. Ihr Element ist das Wasser. Dreifaltig ist die Erscheinung des Allerhöchsten. Die 3 versinnbildlicht neben Erfüllung, Kommunikation und Gemeinsinn auch den kreativen Geist. In diesem Sinne ist sie auch ein Zeichen für Mittlerkräfte.

- **Die Zahl 4** symbolisiert ordnende und gestaltende Kräfte. In ihr vereinigen sich alle vier Himmel und alle vier Elemente zur praktischen Vernunft. Pythagoras war diese Zahl heilig, und dem Magus zeigt sie Fülle und Grenze seiner Macht.

- **Die Zahl 5** bildet die Summe des männlichen und weiblichen Prinzips, so wird sie zum Sinnbild des vollendeten Mikrokosmos. Die Quintessenz aus 4 ist ihr Element: nämlich der Äther, der belebende und lebenserhaltende Geist. Die 5 zeigt den Magus in seiner Meisterschaft und konzentrierten Kraft.

- **Die Zahl 6** galt einstmals als die edelste Zahl; hat sie doch die Zahlen 1, 2 und 3 addiert wie multipliziert zum Ergebnis. Mittlerweile versinnbildlicht sie jedoch eher Zwiespältigkeit, da sie auf der Scheidelinie zwischen dem Guten und dem Bösen, zwischen Schöpfung und Apokalypse gesehen wird. In der Magie ist sie ein Zeichen bipolarer Kraft.

• **Die Zahl 7** ist eine mächtige Glückszahl. 7 Locken hatte Gilgamesch, 7 Zweige trägt der Lebensbaum, 7 Farben hat der Regenbogen, 7 Wandelsterne strahlen am Himmel. Was siebenmal getan, gereicht zum Guten; doch was siebenfach geschickt, das weise ab.

• **Die Zahl 8**, die dreifache Potenz der 2, versinnbildlicht sowohl vollkommene Weiblichkeit als auch berechnende Vernunft. Dem Magus symbolisiert sie Weitsicht und Leidenschaftslosigkeit.

• **Die Zahl 9**, die dreifache Potenz der 3, die wirkende Dreifaltigkeit. Weisheit und Eingebung, Rückbesinnung und Selbsterkenntnis werden angesprochen. Für den Magus wird die 9 zum Zeichen der Durchdringung und versammelten Kraft.

• **Die Zahl 10** ergibt sich aus der Addition von 1, 2, 3 und 4. In ihr verknüpfen sich diese vier Grundprinzipien zu einer heilsam wirkenden magischen Kraft. Allerdings ist sie eine flüchtige Kraft, die stets neu erworben werden muß; andernfalls erkaltet sie zum Schema.

• **Die Zahl 11** ist eine sogenannte stumme Zahl, also eine Zahl von scheinbar geringer Bedeutung. Dabei ist es die menschlichste der ersten zwölf Zahlen. Schließlich symbolisiert sie Sündhaftigkeit, da sie um 1 mehr als die zehn Gebote zählt. Zudem steht sie für die Verbindung zwischen Himmel und Erde und verinnerlichte Dualität. Und da das 11. Tierkreiszeichen hinter der Sonne steht, deutet diese Zahl auch auf Erhöhung und Transzendenz.

• **Die Zahl 12** steht für Vollkommenheit und Abgeschlossenheit. Sie symbolisiert eine fruchtbare Verbindung spiritueller und materieller Energien. Sie gilt als Zahl der Lehre. Zugleich bedeutet sie auch Prüfung und Aufopferung für ein größeres Ganzes. Wegen ihrer Fülle wird die 12 als apotropäisch besonders wirksam eingeschätzt.

Zauberkräuter

Einst waren die Heilkräuter die einzig verläßliche Medizin, die einem Kranken Linderung und Genesung bringen konnte. Ihre offenkundige Heilkraft wurde dabei als die selbstverständliche Folge eines magischen Phänomens gedeutet, das auf Symphatien gründete. Dabei blieb die Beobachtung und Erforschung dieser Symphatien nicht nur auf die diversen Leiden beschränkt, sondern wurde auch auf die Einwirkung der Kräuter auf das Wesen der Menschen erweitert. Und so entstand neben dem Wissen um die Heilkraft der Kräuter auch ein Wissen um ihre Zaubermächtigkeit.

Die nachstehende Auflistung stellt eine Auswahl geläufiger Zauberkräuter dar, wobei die erwähnten körperlichen Anwendungen im angeführten Zusammenhang gleichfalls nur magisch symbolisch zu verstehen sind; so bedeutet beispielsweise eine erwähnte antirheumatische Wirksamkeit „geistige Entknotung" bei magischer Verwendung. Der magische Gebrauch dieser Kräuter kann unbeschadet bei → Räucherungen und Ritualen im → magischen Kreis sowie beim Analogiezauber erfolgen. Hierzu sind vor allem Öle und Pulver zu empfehlen. Die Verabreichung als Tee, Tinktur oder anderer Form zu magischen Zwecken sollte generell unterbleiben. Bei Selbstanwendungen sollte zuvor ein Apotheker konsultiert werden.

Alant (Erlösung): Räucherwerk, beschützt die Haustiere, hustenstillend
Apfel: männlich, Liebesgabe
Aronstab: giftig, Liebeszauber, Schwellenzauber, Bronchitis
Aufrechter Ziest: auch Beschreikraut genannt, reinigend, hautstraffend
Baldrian: hexenwidrig, beruhigend
Bärlapp (Drudenfuß): Gegenzauber
Beifuß: schützt das Haus
Bilsenkraut: giftig, schützt das Haus, Dämonen bindend, beruhigend
Birne: weiblich, Lebensbaum
Efeu: giftig, Bindekraut, Augen stärkend
Eibe: giftig, Dämonenabwehr, Totenbann, Knochen und Gelenke
Eiche: zauberwidrig

Eisenkraut: Liebeszauber, aufhellend, Frauenleiden
Heckenrose: zauberwidrig, Diebsbann
Johanniskraut: Liebeszauber, das Böse bezwingend, reinigend, beruhigend
Klee: Glücksbringer, Liebeszauber
Knoblauch: Dämonenabwehr, Magen und Darm
Königskerze: Unholdkraut, Sonnwendblume, Hals und Lunge
Lilie: Läuterung
Lorbeer: reinigend, Totenbann, Antirheumatikum, Magen und Darm
Mistel: giftig, wehrhaft, Hellsichtigkeit, beschützt die Haustiere, Herz und Kreislauf
Mondraute: Liebeszauber
Myrte: Liebeszauber, Geisterbann
Pestwurz: macht neunmalstark, wundheilend
Pfingstrose: Alp abwehrend, schützt die Kinder
Raute: gegen das Berufen und üble Nachrede, krampflösend
Rose: Liebeszauber, Räucherwerk, Frauensegen, Schönheit
Rosmarin: Totenbann, Liebesglück, krampflösend
Salbei: Schweigekraut, Weisheit, Hals
Schöllkraut: giftig, Zauberbalsam, friedenstiftend, krampflösend
Stechpalme: giftig, geistiger Schutz, Antirheumatikum
Teufelsabbiß: stärkt die weiße Magie, Räucherwerk, Augen
Wacholder: Haussegen, Dämonenabwehr, dynamisierend, Magen und Darm
Walderdbeere: weibliche Liebesgabe
Wermut: gegen Plagegeister, Magen und Darm
Zaunrübe: falsche Alraune, zieht Schutzgeister an, Gelenke und Knochen
Zitrone: reinigend, den Geist klärend
Zwiebel: klärt die Atmosphäre

Zaubersprüche

Gebet und Zauberspruch waren sich ehedem gleich. Ging es doch einstmals darum, widrige Naturkräfte durch formelhafte Beschwörungen wohlgefällig zu stimmen. Mit der Entwicklung eines magischen Verständnisses entstanden schließlich eigenständige Zauber-sprüche, die allein durch die Kraft des Wortes Zauberwirkung entfalten sollten. Sie wurden zu vielerlei Gelegenheiten gesprochen, sei es zum Schutz von Tieren, zur Abwehr von Krankheiten oder zur Lösung von Gefangenen, wie dies in den ältesten erhaltenen Sprüchen deutscher Literatur, den Merseburger Zaubersprüchen, überliefert ist. Die ursprünglich konkrete Sprache und Versform der Zaubersprüche verlor sich jedoch mit der Zeit. Durch Übertragungen und fehlerhafte Abschriften wandelten sie sich allmählich zu lautmalerischen Floskeln, die sich aus verschiedenen Sprachbrocken zusammensetzten. Sehr beliebt wurden lateinisch klingende Sequenzen wie beispielsweise: „Hax Pax Max Pax Sax Sarax" oder „Habere Dabere Sachere". Der erste dieser beiden Sprüche wurde überwiegend zum Schutz- und Liebeszauber empfohlen, während durch den zweiten Spruch Diebe enttarnt werden sollten.

Diese Entwicklung führte schließlich ganz allgemein zu einem erweiterten Verständnis von Zaubersprüchen. Nicht mehr der tradierte Spruch aus alten Schriften mit fragwürdiger Bedeutung und Wirkung wurde gesucht, sondern es ging darum, den persönlichen, der eigenen Mächtigkeit entsprungenen und sie verkörpernden Zauberspruch zu finden. Dazu versetzt sich der Magus in Trance. Alsdann beginnt er lautmalerisch vor sich hin zu plappern. Gleichzeitig besinnt er sich auf Wirkung und Ziel seiner Magie. Dabei gewinnt sein Geplapper mehr und mehr Struktur, Laute und Lautfolgen wiederholen sich und am Ende kristallisiert sich ein wirksamer Spruch heraus. Der Vorteil dieser Methode ist, daß solchermaßen gefundene Zaubersprüche von äußerst vitaler Mächtigkeit sind.

Eine andere Form von Zauberspruch begegnet uns in der autosuggestiven Heilmethode, wie sie der französische Psychotherapeut Émile Coué (1857–1926) entwickelte. Sein Kernsatz „ça passe", wörtlich: „Es geht vorbei", soll gebetsmühlenartig in schneller Folge gesprochen werden. Dabei entsteht ein insektenartiges Geräusch, das mental entspannend wirkt, wodurch sich die Botschaft im Unterbewußten verhakt und so urgründig fortwirkt. Ins Deutsche übertragen lautet Coués Satz: „Mir geht es besser und besser." Entsprechend Coués Überlegungen lassen sich auch gleichermaßen magisch wirksame

Zauberformeln finden, dabei ist vor allem auf ihren suggestiven Klang und ihre schnelle Wiederholbarkeit zu achten. „Walte, weiche, wirke!" ist zum Beispiel eine solchermaßen kräftige apotropäische Zauberformel.

Letztlich sollen noch jene Zaubersprüche erwähnt werden, bei denen in einem knappen Satz oder Vers das Anliegen verschlüsselt wird. So flüstert man beispielsweise den Spruch „Um das werde ich länger leben" jemandem, der sich vordrängelt, in den Rücken. Auf diese Weise soll die einem vom anderen genommene Zeit von diesem wieder abfließen und einem selbst zufließen. Oder man kontert zur Abwehr von Verwünschungen mit der Formel: „Auf dein Haupt!" Schließlich ist auch in unseren Grüßen eine gewisse Zauberkraft verborgen. Dies gilt vor allem für die Wünsche zum Abschied. Und wer versäumt hat, die Floskel „Paß auf dich auf!" einem Enteilenden hinterherzurufen, der sollte sie ihm um ihrer Wirkung willen siebenmal flüsternd hinterherschicken.

Zauberstab

Ein Zauberstab gilt als Sinnbild magischen Wissens und Mächtigkeit. Der eingeweihte Magus zieht mit ihm nicht nur den Zauberkreis, sondern kann mit ihm auch seine Kraft bündeln und in einem mächtigen Strahl auf sein Ziel richten. Auch genügt oft eine Abwehrgeste mit dem Zauberstab, um schlechte Kräfte zu bannen und die Atmosphäre zu klären. Ein Zauberstab sollte vom Magus persönlich gefertigt werden, wodurch er auch seine ihm ureigenste Weihe erhält. Am besten eignet sich hierfür eine fingerdicke und ellenlange Haselrute. In ihre Rinde schnitzt man an beiden Enden Abwehrzeichen, wobei die Wahl des Abwehrzeichens im Belieben des Magus liegt. In alten Zauberbüchern wird dem Magus hierfür meistens die Kreuzinschrift I.N.R.I. empfohlen.